Zur Opferfeier

Eine Zusammenstellung

FORUM KULTUS

Arbeitsmaterial zur Kultus-Frage

Dokumentationen

Zur Opferfeier

in der freien christlichen Fassung Rudolf Steiners heute
in der Er- + Bearbeitung und der Praxis der
Initiative für ein freies, anthroposophisch + sakramental vertieftes
Christ-Sein heute

Eine Zusammenstellung

Arbeitsmaterial zur Kultus-Frage

Dokumentationen

Herausgabe, v.i.S.d.P. , © ,
Zusammenstellung, Bearbeitung und Layout :

Dr. Volker David Lambertz - Förderkreis Forum Kultus
Herrensteig 18, D- 78333 Wahlwies - Bodensee / Helgoland
www.ForumKultus.info

Herstellung und Verlag:

BoD - Books on Demand, Norderstedt

ISBN : 978-3-7578-0117-5

Ausgabe: Pfingsten 2023

Wir danken der Rudolf Steiner-Nachlassverwaltung
und dem Rudolf Steiner-Verlag, Dornach,
für die Er- und Bearbeitung und Herausgabe
des Werkes Rudolf Steiners!
www.Rudolf-Steiner.com / www.Steinerarchiv.info

Forum Kultus

Zur
Opferfeier

in der
freien christlichen
Fassung
Rudolf Steiners
heute

Eine
Zusammenstellung

ARBEITSMATERIAL
ZUR KULTUS-FRAGE

Forum Kultus

Zur Opferfeier
Eine Zusammenstellung

De libertate christiana

INHALT

Zur Freiheit des Christenmenschen

frei + christlich

Sakramente heute

Gott ist die Liebe !
Und wer in der Liebe ist,
der ist in Gott und Gott in ihm.

Wo zwei oder drei
in meinem Namen versammelt sind,
da bin JCh mitten unter ihnen !

Liebe Freundinnen, liebe Freunde
eines »freien christlichen« Kultus-Weges !

Dunkelheit umklammert unsere Erden-Welt ...
Die Widersacher wollen die Macht
über das JCh erlangen
und unsere Göttlichkeit vernichten ...
Aber, wo Schatten sind, ist auch das Licht : ER !
Liebe-Licht .. das uns durchwärmt, erleuchtet, rettet.
... ohne IHN werden wir nicht weiterkommen ...

Doch, im Alltag ... konkret ? ..
Wohin wenden wir uns
als »freie Christen« - und vor allem Anthroposophen -
wenn wir
in den Hoch- und Notzeiten des Lebens
des Christus Kraft und Macht und Heilung aufgreifen
und zeit- und zukunftsgemäß überkonfessionell,
auch *sakramental* handeln sollen, bzw. wollen ..

wenn wir unsere Beziehung
zu Gott und unseren Mitmenschen,
frei, JCh-bestimmt = »allgemein-priesterlich«,
ohne institutionelle Vermittler (Hirten)
und Vorgaben (Dogmen)
individuell-direkt mit IHM gestalten wollen?

Die ganze Anthroposophie ist Gottesdienst ...
Rudolf Steiner

Da die Anthroposophie ihrem Wesen nach *interreligiös* ist,
überlässt sie den individuell entsprechenden,
religiösen, kultischen Weg
prinzipiell dem Einzelnen : »Jedem Seinen Weg« !

Als *ein* »spezifisch anthroposophisches« Angebot
vermittelte uns Rudolf Steiner
einen - leider allseits verdrängten -
kultisch und sozial zeitgemäßen,
speziell überkonfessionellen, »freien christlichen«,
sakramentalen Weg.

Dieser ist nun in der ganzen Siebenheit
der Sakramente aufgegriffen,
insbesondere Taufe, Trauung und Bestattung,
vor allem das kultushistorisch weitergeführte
Zentralsakrament, die »Opferfeier« ;
die - dankenswerterweise! - in der Nische des »freien christlichen«
Religionsunterrichtes in den Freien Waldorfschulen überleben
konnte (auch wenn dessen Handlungen nunmehr einzuschlafen drohen),
wo auch die »Sonntagshandlungen« und die »Jugendfeier«
("Konfirmation") gepflegt (und vom »Internationalen Religions-
lehrer-Gremium« innerhalb der »Pädagogischen Sektion«
der »Freien Hochschule für Geisteswissenschaft« am Goetheanum
➢ www.Paedagogik-Goetheanum.ch verantwortet) werden,
während Taufe, Trauung, Bestattung
mit Begründung der »Christengemeinschaft«
von dieser beansprucht, monopolisiert, institutionalisiert
und tabuisiert wurden ... und so - als ehemals "freie" Sakramente -
in Vergessenheit gerieten .. bis zur Jahrtausendwende.

Das *amtspriesterliche* »Zwei-Stände«(Hirte-Schafe)-Prinzip
der konservativen Kirchen - vor allem der katholischen,
orthodoxen, aber auch der Kirche »Die Christengemeinschaft« -,
das nur dem Geweihten innerhalb seiner Konfession / Kirche
ein sakramentales Handeln zugesteht,
wird im »freien christlichen« Impuls
durch die geschwisterliche und pfingstliche Tat
des »allgemein("laien")-priesterlich«,
überkonfessionell handelnden Christen
abgelöst.

Natürlich kann ein "Laien"-Priesterwirken
nicht auf Laien-haftigkeit beruhen.
(»Laie« meint theologisch nicht den Dilettanten,
sondern den "Nichtgeweihten", das »allgemeine Priestertum
des/aller Christen«.)
Wie in jedem Beruf ist auch hier die Qualifizierung nötig
und erfordert gerade hier eine demütige, empathische,
fachlich qualifizierte und spirituell
und sozial gereifte und offene Haltung ..
und eine mutig michaelische!
Die "Berechtigung" zu solch individuell-direkten, sakramentalen
Handeln erfährt der wahrhaftig Strebende jedoch unabhängig
aller Institution, allein durch SEINEN Ruf, Seine Berufung,
Sein Ja das sich meist in der konkreten Nachfrage
der Geschwister äußert;
auch wenn als Wurzelgrund
die Wirkkraft, der Rückhalt und der Schutzraum
einer Kultus-Trage-Gemeinschaft
fruchtbar und anzustreben ist.

Was aus der Tauf krochen ist,
das mag sich ruhmen,
dass es schon Priester, Bischof und Bapst
geweihet sei,
obwohl es nicht jedem ziemt,
dies Amt auch auszuüben.
Martin Luther

Kultus hat seine Quelle im undogmatischen, lebendigen
Austausch mit einer vielfältigen Geistigen Welt
und darf nie erstarren, einseitig, dogmatisch werden;
so auch nicht der Text und die Form,
die Seiner alle umfassende Liebe entsprechen soll,
die den um Seine Gnade, Seinen Segen Bittenden,
mit seinen jeweils individuell berechtigten Möglichkeiten,
Bedürfnissen und Schicksalswegen einbezieht, ernst nimmt
und durchdringt,
.. wie überall eben
aus dem Lebendigen heraus
das Kultusartige gesucht werden muss.

Etwas Prinzipielles
kann es im Leben der Welt
überhaupt nicht geben, sondern es kann nur
das sich in Leben Wandelnde geben.
Rudolf Steiner

Kultus, der aus Seiner Lebendigkeit quillt...
Kultus, der "zeitgemäß" auf die Bedürfnisse und Möglichkeiten
der Menschen eingeht...
Kultus, der sich über die Konfessionen erhebt
und sich direkt an IHN wendet...
Diesen Kultus hat Rudolf Steiner - zukunftsgerichtet -
gegeben .. so wenig er auch erkannt wurde und wird..

Deshalb finden Sie hier die durch Rudolf Steiner
bahnbrechend formulierte, »freie christliche« Fassung
des Zentralsakramentes im Original.
Und deshalb sollen in diesem Buch
einige wesentliche Informationen zur Opferfeier selbst
zusammengetragen werden
... auch wenn sich dabei bestimmte Inhalte mehrfach finden.
(Die gesamte »freie christliche« Thematik finden Sie
in den Info-Büchern - s.S.133- , bzw. in: www.ForumKultus.info !)

Rudolf Steiner wurde gefragt, wie denn ein
»anthroposophischer Kultus« aussehen sollte
(Rudolf Steiner zu René Maikowski, GA 269, S.133) :

Wichtig war ihm das »Lebendige« ..
und es müsse eine »Fortsetzung in Inhalt und Form« geben,
was er uns mit der Opferfeier gegeben habe.
Und so stehen wir hier - und mit jedem Sakrament -
wieder vor einer scheinbar schwer lösbaren Forderung:
nicht nur die *Form* (das wäre noch leicht, ob/wie man z. B.
von der frontalen Handlung in den Kreis geht),
sondern auch den *Inhalt* »fortzusetzen« (ob/wie man z. B.
einen 'Einschub zu Gründonnerstag' hinzunehmen könnte) :
Authentisches, zeitgemäßes, wahrhaftiges Handeln.

Unübersehbar .. ergibt sich als notwendig,
dass das christliche Freiheitselement
auch dem Wesen des Kultus, dem Sakramentalismus
einverleibt werden muss.
Hella Wiesberger

Der freie christliche Impuls heute
steht diametral zum konservativen »Prinzip Kirche«
(wo z. B. - wie in der Kirche »Die Christengemeinschaft« -
kein Kultus-Wort verändert werden und der »Laie«
keinerlei sakramentale Handlung vollziehen darf).
Denn Christus will im Kultus aktuell und individuell liebend
und damit wahrhaftig, lebendig, wirkungsvoll sein
(kein "Rasenmäherprinzip" = für *alle* Menschen *einen*
und überall *gleichen* Kultus-/Text...) .
Und so muss jedes Sakrament - prinzipiell -
immer wieder bedingungslos, ergebnisoffen,
neu geboren / erarbeitet werden.
Es ist ein vielfältiges Wesen und Werden,
aus einer individuellen Zwiesprache mit der Geistigen Welt
und damit aus den Tiefen des Schicksals und des Welten-Wollens.
Und dann zeigt sich meist,
dass im gemeinsamen Erarbeiten
der Textfassungen Rudolf Steiners,
die Einsicht und der Wunsch entsteht,
die Tiefe dieser Texte nicht unnötig oder willkürlich
zu verändern, und es in der Praxis meist bei der
(höchstens minimal angepassten) originalen Fassung bleibt;
.. nun aber aus Freiheit.

Trotzdem sind auch diese Handlungen
nur Zwischenstation,
bis wir letztlich das ganze Leben selbst
sakramentalisieren.

Alle freie Religiosität,
die sich in der Zukunft
innerhalb der Menschheit entwickeln wird,
wird darauf beruhen,
dass in jedem Menschen
das Ebenbild der Gottheit
wirklich in unmittelbarer Lebenspraxis,
nicht bloß in der Theorie,
anerkannt werde.

Rudolf Steiner

Zur Jahrtausendwende
wurde der »freie christliche« Impuls Rudolf Steiners,
und damit auch die »Opferfeier«,
von Anthroposophen *wieder und neu* aufgegriffen, erarbeitet
und den Geschwistern angeboten.
Unsere Initiative wirkt dabei *autonom*
von der »Anthroposophischen Gesellschaft«
und der »Freien Hochschule«,
auch wenn *wir* in der Regel
deren Mitglieder, bzw. Freunde sind.
Denn seitens der *Institution* Anthroposophische Gesellschaft
- als einer *interreligiösen* Erkenntnisgemeinschaft -
kann und darf nicht *ein* bestimmter religiöser / kultischer Weg
als *der* offizielle erscheinen,
auch wenn der »freie christliche« von Rudolf Steiner
als der »spezifisch anthroposophische« bezeichnet wurde.
Denn Religion und die entsprechend kultische Praxis
sind individuelle »Privatsache« des Einzelnen.

So sind wir keine "Organisation",
sondern ein jeweils *individuell* verantworteter
Tat-IMPULS :
religiös, kultisch engagierte Anthroposophen
erkennen die aktuelle Not-wendigkeit,
die Forderung des Schicksals
auf Nachfragen der Geschwister zu antworten ..
mit den tief und real wirkenden Fassungen Rudolf Steiners !

Innerhalb der Anthroposophischen Gesellschaft
wird die Kultus-Frage kontrovers behandelt.
Von der - als "Anthroposophen-" bzw. "Waldorf-Kirche" verortete -
Kirche »Die Christengemeinschaft«
wird gar ein allumfassendes sakramentales,
freies christliches Handeln
kategorisch und monopolistisch abgelehnt.

Die Kultus-Frage
bedarf der Klärung ..
im Licht individueller Freiheit !

Bitte bedenken Sie dabei auch hier :
Die folgend aufgeführten Er- / Bearbeitungen sind
die *unsrigen* (Sie müssen die Ihrigen verantworten)
und eine Momentaufnahme im Werden ..
Und sie sind auch *nicht* die *einzig* möglichen !
Wir sind auch nicht die Einzigen
die sich innerhalb der Anthroposophenschaft
um ein *freies*, christliches, sakramentales Handeln bemühen !
So auch hier: Alle Beiträge sind von den genannten Autoren
verantwortet, die ohne Nennung von V.D.Lambertz.

Jedem Seinen Weg!

Deshalb stehen wir,
als eine überkonfessionelle Initiative,
mit dem Wurzelgrund in der »Freiheit des Christenmenschen«,
in keiner Konkurrenz mit anderen Gemeinschaften oder Kirchen
- erst recht nicht in "Gegnerschaft" zur Kirche »Die Christengemeinschaft« (ja, wir sind Verfechter ihrer *ursprünglichen* Aufgabe
[nämlich "Dritter Block" zwischen den traditionellen Kirchen zu sein,
für diejenigen, die neue Wege innerhalb einer Kirche suchen,
aber den Weg zur Anthroposophie *noch* nicht finden, als »Vorschule«
zur Anthroposophie .. nicht aber als "Anthroposophen-Kirche" ...]) !

Man muss sich nur im Klaren sein,
dass man über dies Thema nicht streiten kann,
sondern man muss lernen,
Wesensunterschiede zu unterscheiden.
Alle Kultformen
haben ihre Berechtigung und ihre Bedeutung;
und man kann daher jede,
in der ihr gemäßen Form
und dem ihr zukommenden Rahmen,
durchaus anerkennen.

Fred Poeppig

Relevant ist:
Es muss IHR Weg
zu IHRER Tat-Geburt
werden und sein,
IHR Gottes-Gespräch:
authentisch + lebendig + praktisch!

Hier heraus entsteht ein undogmatisches,
individuell geprägtes, selbstverantwortetes,
sakramentales Handeln,
aus Ihrer ganz eigenen »moralischen Intuition« ,
die aus einer anthroposophischen, tiefen Geist-ERkenntnis
Seine Tiefen und Seinen Auftrag findet,
und in einem »ethischen Individualismus« gründet und quellt..
das ist »frei + christlich« !

Jeder Mensch ..werde.. ein Priester !

Die Zeit ist dunkel und ernst genug !
"Die Freiheit" muss - nicht nur "sollte" -
auch der christlichen Praxis, dem Sakramentalismus
und gerade auch dem 'Zentralsakrament'
einverleibt werden !
Die Opferfeier wird dabei als zentrale Quelle
eine besondere Rolle spielen, denn

sie steht - als zentrales Sakrament -
an der Spitze der Hierarchie

aus zwei Gründen.
Erstens,
weil sie die Kraft
des ganzen Christus selbst enthält;
zweitens,
weil alle übrigen Sakramente
auf sie zu- und hingeordnet sind.

Alexandre Ganoczy

Was in der Entwicklung der Christenheit
als Sehnsucht und Streben
nach Laien-Priestertum
immer wieder erstand
- allerdings auch immer wieder verfolgt
und schließlich zum Verschwinden gebracht wurde -,
das hat hier (mit der Opferfeier)
durch Rudolf Steiner
eine neue Keimlegung erfahren ..

Maria Röschl-Lehrs

Aus dem Ernst der Zeit,
muss geboren werden der Mut zur Tat!
Rudolf Steiner

Wenn uns die Wiederanbindung an die Geistige Welt
nicht gelingt,
dann werden die Widersacher
weiter und weiter und weiter
unser göttliches und irdisches Sein zerstören
und die Erde zur Hölle machen ...

Hoffen und bitten wir,
dass trotz aller Schwachheit und Unzulänglichkeit
die Ideale nicht Utopien bleiben,
und dass wir mutig bereit sind,
damit ER mit Seiner Wiederbelebungskraft
durch unsere Kultus-Tat wirken kann,
wenn unser Schicksal uns aufrufen sollte,
dem Du *auch* sakramental beizustehen ...
selbstverständlich,
geschwisterlich, authentisch, individuell, frei ...
durch IHN, den Lebendigen,
den Alles-wieder-lebendig-Machenden,
den Alle-Liebenden ...
und wir das Not-wendige tun !

Herzlich!
Ihr Volker David Lambertz im FORUM KULTUS

Ostern 2023

frei + christlich

FORUM KULTUS

Initiative für ein freies,
anthroposophisch + sakramental vertieftes
Christ-Sein heute

Der
freie christliche Impuls
Rudolf Steiners
heute

Bloß ist mein Christentum
absolut nicht kirchlich gebunden.
Ich bin ein richtiger Ketzer
für Christus ! ...

Das Priestertum des Menschen
ist das einzige, das mir einleuchtet,

und darum bin ich so dankbar,
dass ich Rudolf Steiner begegnete.

Maria Röschl-Lehrs
»Vom zweiten Menschen in uns«

Die **Opferfeier** als

Sakrament

Als Sakrament bezeichnet man im Christentum
einen Ritus,
der als sichtbares Zeichen
beziehungsweise als sichtbare Handlung
eine unsichtbare Wirklichkeit Gottes
vergegenwärtigt und an ihr teilhaben lässt.

WIKIPEDIA, 20.3.2021

Ein (christliches) Sakrament
(von kirchenlat. *sacramentum* = [religiöses] Geheimnis)
ist eine physische Handlung, die so verrichtet wird,
dass sich in ihr symbolisch
ein geistiger Vorgang ausdrückt
und dadurch die Wirkungen des Geistigen
im alltäglichen Leben bewusst machen soll.
Sakramentalismus
ist ein bewusstes Handeln aus dem Geistigen.

AnthroWiki, 15.10.2021

.. dass das christliche Freiheitselement
auch dem Wesen des Kultus,
dem Sakramentalismus
einverleibt werden muss.

Hella Wiesberger

Christus

will im Kultus aktuell und individuell liebend
und damit wahrhaftig, lebendig, wirkungsvoll sein
(kein "Rasenmäherprinzip" =
für alle Menschen *einen* Kultus / -Text...) .

Und so muss jedes Sakrament
- prinzipiell - immer wieder "frei",
bedingungslos, ergebnisoffen, neu geboren werden.

Und dann zeigt sich meist,
dass im gemeinsamen Erarbeiten
der Textfassungen Rudolf Steiners,
die Einsicht und der Wunsch entsteht,
die Tiefe dieser Texte nicht unnötig oder willkürlich
zu verändern,
und es in der Praxis meist bei der
(höchstens minimal angepassten)
originalen Fassung bleibt;

nun aber aus Freiheit.

Aus dem Vorwort - VDL

Das Sakrament - Liebe-Tat-Konzentrat Gottes

DIE SAKRAMENTE

in der Darstellung Rudolf Steiners

INDIVIDUALITÄT

1 + Geburt

(Physischer Leib)

Der Empfang -
Die Kinder-Taufe * / **

(BAPTISMA)

2 + Erwachen

(Ätherleib)

Die Jugendfeier

(CONFIRMATIO)

3 + Wandlung

(Astralleib)

Die OPFERFEIER
*(als Zentralsakrament ***)*

(EUCHARISTA)

4 + Rückschau

(Ich)

Die Lebensschau
Die Beichte

(PAENITENTIA)

5 + Tod

(Geistselbst)

Die Sterberituale :
Die Heilige Ölung ****

(EXTREMA UNCTIO)

Die Aussegnung
Die Bestattung

ggf. Die Urnenbeisetzung
Die Toten-Handlung

und der freien christlichen Praxis heute,
der Initiative, freie christliche Arbeits-Gemeinschaft

GEMEINSCHAFT

6 + Christen-
Gemeinschaft

Die Verbindung
Die "Priester-WEIHE" ** :
als Erwachsenen-Taufe
als Handlungs-Auftrag

(Lebensgeist)

(BAPTISMA - ORDO)

7 + Lebens-
gemeinschaft

Die Trauung

(Geistesmensch)

(MATRIMONIUM)

* *Anmerkungen* ➤

Die heilende Arznei : das Sakrament

Anmerkungen zur Übersicht

* Diese Kinder-Taufe ist von Rudolf Steiner ausdrücklich
als 'Empfangskultus für das Neugeborene' konzipiert.

** So fände die wirkliche Taufe, als bewusstes ER-wachen
(zu IHM erwachte ER-kenntnis) und Bekenntnis, erst im 6. Sakrament statt,
und ist damit gleichzeitig Aufruf auch zum geschwisterlichen,
allgemein-priesterlich-christlichen Handeln.
Weil jeder getaufte Christ "berechtigt" und aufgerufen ist
"priesterlich" = kultisch/sakramental tätig zu sein
(»allgemeines Christ-Sein« / »Laien-Priestertum«),
ist die mündige und bewusste
»Erwachsenen-Taufe« gleichzeitig »Priester-Weihe«.

*** Die Opferfeier ist ein »Sakrament« : Rudolf Steiner, 9.12.1922
zu u.a. Karl Schubert. (Siehe u.a. E.v.Kügelgen, »Kultus als spiritueller Weg«, S.159.)

**** »Sakrament« innerhalb der Sterberitualien
ist die »Heilige Ölung«!

*Die Quellenangaben
(aus der Rudolf Steiner-Gesamtausgabe)
finden Sie direkt am Schluss des jeweiligen Sakramentes.*

Zur folgenden Wiedergabe der Texte

Wie früher üblich wurden insbesondere Gedichte / heilige Schriften, etc.
am Zeilenanfang groß geschrieben.
So hatte das auch Rudolf Steiner mit besonderen Texten gehandhabt.
Das führt gegenwärtig immer wieder zu Irritationen
und erschwert den Lesefluss und das Verständnis.
Heute ist -die Optik- des Versanfangs nicht mehr derart wichtig,
dass man ihn unabhängig aller Grammatik groß schreiben würde,
heute ist vor allem (gerade bei solchen relevanten Texten)
das Verständnis der Texte wichtig.

Deshalb ist hier in den folgenden Sakraments-Texten
die Großschreibung des Zeilenanfanges
zugunsten der Verständlichkeit zurückgenommen
und folgt der aktuellen Grammatik.
Wenn Sie sich dennoch informieren wollen,
wann Rudolf Steiner den Zeilenanfang groß geschrieben hat,
finden Sie in den *Quellenangaben* die Originale.

*Die Handlungsanweisungen / -erläuterungen sind nicht direkt
von Rudolf Steiner, sondern aus der Praxis der IfcAG, bzw. von VDL.*

Arbeitsmaterial zur Kultus-Frage

Arbeitsmaterial zur Kultus-Frage

WURZEL FREIHEIT

Hier finden sich auch unsere Wurzeln
für die Gestaltung einer zeitgemäßen, kultischen Arbeit

Aus der
PHILOSOPHIE DER FREIHEIT

(...eine *freie* Handlung:) » Zur Voraussetzung
hat eine solche Handlung die Fähigkeit der
moralischen Intuitionen. ...   (9K/25A)

Die Menschen sind dem Intuitionsvermögen nach
verschieden. ..

Wie ein Mensch handelt, wird also abhängen von der Art,
wie sein Intuitionsvermögen einer bestimmten Situation
gegenüber wirkt. Die Summe der in uns wirksamen Ideen,
den realen Inhalt unserer Intuitionen, macht das aus,
was bei aller Allgemeinheit der Ideenwelt
in jedem Menschen individuell geartet ist.
Insofern dieser intuitive Inhalt auf das Handeln geht,
ist er der Sittlichkeitsgehalt des Individuums. ..
Man kann diesen Standpunkt den
ethischen Individualismus nennen. ...   (9K/28A)

Während ich handle, bewegt mich die Sittlichkeitsmaxime,
insofern sie intuitiv in mir leben kann; sie ist verbunden
mit der Liebe zu dem Objekt,
das ich durch meine Handlung verwirklichen will.
Ich frage keinen Menschen und auch keine Regel:
Soll ich diese Handlung ausführen?
- sondern ich führe sie aus,
sobald ich die Idee davon gefasst habe.

Nur dadurch ist sie *meine* Handlung.

Wer nur handelt, weil er bestimmte sittliche Normen
anerkennt, dessen Handlung ist das Ergebnis
der in seinem Moralkodex stehenden Prinzipien.

Er ist bloß der Vollstrecker. ..

Nur wenn ich meiner Liebe zu dem Objekt folge,
dann bin ich es selbst, der handelt. ...

ich vollziehe sie, weil ich sie *liebe*.

Sie wird 'gut', wenn meine in Liebe getauchte Intuition
in der rechten Art in dem intuitiv zu erlebenden
Weltzusammenhang drinnensteht;

'böse', wenn das nicht der Fall ist.

Ich frage mich auch nicht:

Wie würde ein anderer Mensch in meinem Falle handeln? -
sondern ich handle, wie ich, diese besondere Individualität,
zu wollen mich veranlasst sehe.

Nicht das allgemein Übliche, die allgemeine Sitte,
eine allgemein-menschliche Maxime, eine sittliche Norm
leitet mich in unmittelbarer Art,

sondern meine **Liebe zur Tat**. ...   (9K/30A)

Eine Handlung wird als eine freie empfunden,
soweit deren Grund aus dem ideellen Teil
meines individuellen Wesens hervorgeht;

jeder andere Teil einer Handlung, gleichgültig,
ob er aus dem Zwange der Natur oder aus der Nötigung
einer sittlichen Norm vollzogen wird,

wird als *unfrei* empfunden.   (9K/33A)

Frei ist nur der Mensch,
insofern er in jedem Augenblicke seines Lebens
sich selbst zu folgen in der Lage ist.

Eine sittliche Tat ist nur *meine* Tat,
wenn sie in dieser Auffassung
eine freie genannt werden kann. ...   (9K/34A)
Die Handlung aus Freiheit
schließt die sittlichen nicht etwa aus, sondern ein;
sie erweist sich nur als höher stehend gegenüber derjenigen,
die nur von diesen Gesetzen diktiert ist. ...
Die Freiheit des Handelns
ist nur denkbar vom Standpunkt
des ethischen Individualismus aus. ...   (9K/35A)

Leben in der LIEBE zum Handeln
und Lebenlassen im Verständnis des fremden Wollens
ist die Grundmaxime der freien Menschen.   (9K/36A)

Es wird viele geben, die da sagen:
Der Begriff des *freien* Menschen, den du da entwirfst,
ist eine Schimäre, ist nirgends verwirklicht. ..
Ich bezweifle das keineswegs. Nur ein Blinder könnte es. ...
Aber mitten aus der Zwangsordnung heraus erheben sich
die Menschen, die *freien Geister*, die *sich* selbst finden
in dem Wust von Sitte, Gesetzeszwang, Religionsübung
und so weiter. ...
Wer von uns kann sagen, dass er in allen
seinen Handlungen wirklich frei ist?
Aber in jedem von uns wohnt eine tiefere Wesenheit,
in der sich der freie Mensch ausspricht. ...   (9K/38A)
Was der freie Geist nötig hat,
um seine Ideen zu verwirklichen, um sich durchzusetzen,
ist also die **moralische Fantasie**.
Sie ist die Quelle für das Handeln des freien Geistes. ...
                                                      (12K/3A)

27

Das moralische Handeln setzt also voraus
neben dem moralischen Ideenvermögen
und der moralischen Fantasie
die Fähigkeit, die Welt der Wahrnehmungen umzuformen,
ohne ihren naturgesetzlichen Zusammenhang
zu durchbrechen.
Diese Fähigkeit ist **moralische Technik**.
Sie ist in dem Sinne lernbar,
wie Wissenschaft überhaupt lernbar ist. ... «   (12K/4A)

Rudolf Steiner, »Die Philosophie der Freiheit«, GA 4,
AUSZÜGE aus dem 9. Kapitel.

(K = Kapitel / A = Absatz // Kursivsetzung original Steiner /
fett gesetzt durch VDL)

Arbeitsmaterial zur Kultus-Frage

Arbeitsmaterial zur Kultus-Frage

Vom geisteswissenschaftlichen Sinn des Kultischen

Hella Wiesberger

» Nach den Erkenntnissen der Anthroposophie
lebte die Menschheit in alten Zeiten in dem instinktiv-
hellsichtigen Bewusstsein, dass alles Welt- und Menschen-
leben bewirkt, gestaltet und getragen wird durch die
Schöpferkräfte einer göttlich-geistigen Welt.
Dieses Bewusstsein wurde im Laufe der Zeiten
immer schwächer, bis es sich durch das einzig auf die
physischen Weltgesetze gerichtete Verstandesdenken
der Neuzeit völlig verlor.
Es war dies notwendig, weil nur so der Mensch
von der schöpferischen Geistigkeit des Universums
bewusstseinsmäßig unabhängig werden und sich dadurch
den Freiheitssinn erobern konnte.
Nunmehr besteht die Aufgabe der menschlichen Entwicklung darin, aus dem freien, von der Weltgeistigkeit
nicht bestimmten Intellekt sich das Bewusstsein vom
Zusammenhang mit der Weltgeistigkeit neu zu erringen.
Diese Erkenntnis war es, die es zu einem Grundanliegen
Rudolf Steiners werden ließ,
dem modernen Verstandesdenken einen ihm gemäßen Weg
zur Geist-Erkenntnis zu bahnen.
Darum beginnt der erste anthroposophische Leitsatz:

>Anthroposophie ist ein Erkenntnisweg,
der das Geistige im Menschen
zum Geistigen im Weltall führen möchte.< [1]
Die konkreten Mittel zum Beschreiten dieses Weges finden
sich im Gesamtwerk vielfach dargestellt, paradigmatisch in
den Grundwerken >Die Philosophie der Freiheit< und
>Wie erlangt man Erkenntnisse der höheren Welten?< .

War es den alten Kulturen selbstverständlich,
dasjenige, was von kosmischer Geistigkeit
innerlich erlebt werden konnte, im äußeren Leben
durch Symbol und Kultushandlungen zu pflegen
und dadurch das soziale Leben zu gestalten,
so musste mit dem Dahinschwinden des Bewusstseins,
mit der göttlich-geistigen Welt existenziell
verbunden zu sein, auch das Verständnis
für den Sinn des Kultischen verloren gehen.
Und so können dem modernen abstrakten
Verstandesdenken, das insbesondere im Verlaufe
des 20. Jahrhunderts zu der mehr und mehr die ganze Welt
beherrschenden geistigen Macht geworden ist,
die überlieferten Kultformen
eigentlich nur noch als unverständliche Relikte
vergangener Zeiten gelten. ...

Die Menschheit ist erst im Anfange
der christlichen Entwicklung.
Deren Zukunft liegt darin,
dass die Erde als Körper des Christus erkannt wird.

---

1 *Rudolf Steiner, »Anthroposophische Leitsätze«, GA 26.*
Wenn nicht anders angegeben, sind die Zitate von Rudolf Steiner.

Denn durch das Mysterium von Golgatha wurde
in der Erde ein neuer Lichtmittelpunkt geschaffen;
bis in ihre Atome hinein wurde sie mit neuem Leben erfüllt.
Darum konnte Christus beim Abendmahl,
als er das Brot brach, das aus dem Korn der Erde kommt,
sagen: >Dies ist mein Leib!<,
und indem er den Rebensaft gab, der aus dem Saft
der Pflanzen kommt, konnte er sagen: >Dies ist mein Blut!<...
> Und diejenigen Menschen, welche im Stande sind,
den richtigen Sinn dieser Worte des Christus zu fassen,
die machen sich Gedankenbilder,
die anziehen in dem Brot und in dem Rebensaft
den Leib und das Blut Christi,
die anziehen den Christus-Geist darinnen.
Und sie vereinigen sich mit dem Christus-Geist.
So wird *aus dem Symbolum des Abendmahles
eine Wirklichkeit. <* (R.St.)
Jedoch, so heißt es weiter: > Ohne den Gedanken,
der an den Christus anknüpft im menschlichen Herzen,
kann keine Anziehungskraft entwickelt werden
zu dem Christus-Geist beim Abendmahl.
Aber durch diese Gedankenform
wird solche Anziehungskraft entwickelt.
Und so wird für alle diejenigen,
welche das äußere Symbolum brauchen,
um einen geistigen Actus zu vollziehen,
nämlich die Vereinigung mit dem Christus,
das Abendmahl der Weg sein,
der Weg bis dahin, wo ihre innere Kraft so stark ist,
wo sie so erfüllt sind von dem Christus,

dass sie ohne die äußere physische Vermittelung
sich mit dem Christus vereinigen können.
Die Vorschule
für die mystische Vereinigung mit dem Christus
ist das Abendmahl - die Vorschule.

So müssen wir diese Dinge verstehen.
Und ebenso wie alles sich entwickelt
vom Physischen zum Geistigen hinauf
unter dem christlichen Einfluss,
so müssen sich zuerst unter dem Christus-Einfluss
heranentwickeln die Dinge, die zuerst da waren
als eine Brücke: vom Physischen zum Geistigen
muss sich das Abendmahl entwickeln,
um hinzuführen
zur wirklichen Vereinigung
mit dem Christus. < (R.St.) 2 ...

Die andere Äußerung war die Antwort auf eine
ihm, in einem persönlichen Gespräch gestellte Frage
nach einem (konkret praktizierbaren VDL) Kultus
für die anthroposophische Bewegung.
Der Fragesteller, Rene Maikowski,
hat dieses Gespräch wie folgt festgehalten
und zur Wiedergabe zur Verfügung gestellt :
> So tauchte bei einigen Freunden die Frage auf,
ob es wohl denkbar wäre,
dass für die (Anthroposophische VDL) Gesellschaft
auch einmal ein Kultus gegeben werden könnte.
Die Meinungen waren geteilt.
Ich wandte mich darauf - es war im Frühjahr 1923 -

---

2 *Rudolf Steiner*, 7.7.1909, GA 112, S. 268.

mit dieser Frage an Dr. Steiner selbst,
den ich wiederholt auf Reisen begleiten durfte.
Zu meiner Überraschung ging er auf den Gedanken
einer kultischen Arbeit für die Gesellschaft
als durchaus positiv ein.
Er erklärte, dass es ja vor dem Kriege
auch ein Kultisches gegeben habe.
In der Zukunft werde das aber eine andere Gestalt
erhalten müssen.
Es käme auch nicht die Form der 'Christengemeinschaft'
in Frage.
Er charakterisierte darauf die andersartigen Grundlagen
von Anthroposophie und 'Christengemeinschaft'.
Beide Bewegungen stellten einen verschiedenen Weg dar
und hätten zum Teil verschiedene Meister.

Eine kultische Arbeit
in der anthroposophischen Bewegung
müsse aus demselben geistigen Strom hervorgehen
wie die Schulhandlungen,
gewissermaßen eine Fortsetzung dessen werden,
was in Form und Inhalt in der Opferfeier
der Schule gegeben wurde. <

Zu dieser neuen Gestaltung
des anthroposophischen Erkenntniskultus
ist es allerdings nicht mehr gekommen.

Nach seinem Tode versuchte Marie Steiner
eine Art Ersatz zu schaffen
durch die Art, wie sie den am Goetheanum
veranstalteten Feiern, insbesondere der Jahresfeste,
einen künstlerisch-kultischen Charakter gab.

Rückblickend zeigt sich,
dass durch die an Rudolf Steiner
herangetragenen Bedürfnisse
verschiedener Lebenskreise
eine Fülle von Ritualtexten entstanden ist. ...
Ein anderes Charakteristisches ergibt sich
aus dem esoterischen Prinzip der Kontinuität,
einem seiner wesentlichsten Leitmotive:
>Das Künftige ruhe auf Vergangenem
Vergangenes ertrage Künftiges
Zu kräftigem Gegenwartssein.< [3]
Wo immer es möglich war,
knüpfte er um des kontinuierlichen Fortganges
der Entwicklung willen das neu Erforschte
an das überlieferte Alte an.
So auch für seine Ritualgestaltungen.
Dass es notwendig war, die Vergangenheitsströmung
zu berücksichtigen, findet sich einmal so formuliert:
>Um die Kontinuität der Menschheitsentwicklung
aufrecht zu erhalten, dazu ist heute noch notwendig,
an Ritual und Symbolik gewissermaßen anzuknüpfen< [4],
ist darin doch etwas bewahrt,
was wieder auferweckt werden kann
und auch wieder auferweckt werden wird,
wenn man einmal den Weg gefunden haben wird,
um die Kraft, die von dem Mysterium von Golgatha
ausgeht, wiederum in alles menschliche Tun
hineinzubringen [5].

---

3 *Aus Rudolf Steiner, »Zwölf Stimmungen« in »Wahrspruchworte«, GA 40.*
4 *Rudolf Steiner 20.12.1918.*
5 *Rudolf Steiner, Dornach, 20.0.1922.*

Die Frage, wie die verschiedenen Kultformen
mit diesem einen möglichen Kultus übereinstimmen,
dürfte dahingehend beantwortet werden können,
dass die für verschiedene Lebenskreise gegebenen Kulte
- Erkenntniskult der Esoterischen Schule, Handlungen für
den freien Religionsunterricht der Waldorfschule,
kirchlicher Kultus für die >Christengemeinschaft< -
mit diesem >*einen*< Kultus im Tieferen wesensgleich
sein müssen. ...

Aus all dem kann offensichtlich werden,
dass für Rudolf Steiner esoterischer Erkenntniskult,
freireligiöser Kultus und kirchlicher Kultus
in keinem Widerspruch zueinander standen.
Einmal weil ihm,
wie überall, so auch in religiösen Fragen,
die Freiheit des Einzelnen als oberstes Gebot galt
und als rechtes Christentum nur das;
welches >absolute Religionsfreiheit< möglich macht [6].
Zum andern,
weil nur durch die Ausweitung
des Kultischen in alle Lebenszweige hinein
der Weg zu dem hohen Ideal,
das ganze Leben zu sakramentalisieren,
beschritten werden kann.

Die notwendige Voraussetzung dazu ist allerdings,
dass spirituelle Gedanken und Empfindungen
>ebenso weihevoll das Innere durchdringen
und durchgeistigen, wie in dem besten Sinne

---

6 *Rudolf Steiner, Zürich, 9.10.1918.*

der inneren christlichen Entwickelung
das Abendmahl die Menschenseele
durchgeistigt und durchchristet hat.< (R.St.)
Wenn dies möglich werde,
und nach Rudolf Steiner wird es möglich werden,
dann sei man in der Entwicklung
wiederum um eine Etappe weitergeschritten
und es werde dadurch
>wieder der reale Beweis geliefert werden,
dass das Christentum größer ist
als seine äußere Form.< [7] «

Hella Wiesberger, GA 265, Bd.2
Zitate im Beitrag - wenn nicht anders angegeben - von Rudolf Steiner.

Wenn wir den Christus-Impuls
kultisch aufgreifen wollen,
haben wir dabei immer Seine Weite und Tiefe,
aber auch
die Freiheit des einzelnen Christenmenschen
zu beachten und zu bedenken ...
So wurzelt der »freie christliche Impuls«
in einem »Ethischen Individualismus«,
der aus der individuellen, »moralischen Intuition«
handeln lässt,
wie ihn Rudolf Steiner
in seiner »Philosophie der Freiheit« postulierte.

VDL

/ Rudolf Steiner, Karlsruhe, 13.10.1911.

Arbeitsmaterial zur Kultus-Frage

Arbeitsmaterial zur Kultus-Frage

Ich darf empfangen
- Christi Geist

Begründung und Handhabung

Hinblick auf die OPFERFEIER
als ein
spezifisch anthroposophischer Kultus

Welcher Kultus, welches "Zentralsakrament"
wäre dem *überkonfessionell* strebenden Anthroposophen
gemäß ?
Die Antwort ist inzwischen deutlich geworden:
Wir finden diesen Kultus in der »Opferfeier«.
Diese war zwar zunächst für die Schüler und Lehrer/Eltern
der Freien Waldorfschule erfragt,
aber es zeigte sich immer mehr, dass diese Feier
eine ganz spezifisch anthroposophische ist
und keineswegs nur für Schüler oder nur
für die Waldorfschulen und Heime.
Allerdings wurden wir aufgefordert
diese für unseren speziellen Gebrauch
weiter zu entwickeln; das ist bisher nicht geschehen...
In unserer Kultus-Initiative versuchen wir
uns den Fragen und Forderungen zu stellen.
So münden unsere Betrachtungen
in diese Handlung,
als das Zentralsakrament.

Maria Lehrs-Röschl gehörte zu denen,
die die Opferfeier erhalten und gehalten haben.
Ihr Hinblick auf diese Handlung soll Sie nun einladen
- unter Berücksichtigung des bisher Vorgebrachten -
letztendlich Ihre Aufmerksamkeit nocheinmal
auf die Tiefe und Relevanz dieses zentralen Sakramentes
und auf unsere - in die Zukunft weisenden - Aufgaben damit
zu lenken.

Maria Röschl-Lehrs

» In der Besprechung, die wir Religionslehrer
am 9. Dezember 1922 mit Rudolf Steiner hatten,
brachten wir auch vor, dass Johanna Wohlrab,
eine Schülerin der damals obersten Kalsse,
gefragt hatte, ob nun die Schüler der Oberklassen
nach beinahe zweijähriger Teilnahme an der Jugendfeier
nicht eine Sonntagshandlung bekommen könnten,
die über die Jugendfeier hinaus weiterführt.
Ich erinnere, dass wir Lehrer diese Frage
als zumindest verfrüht ansahen und keineswegs erwarteten,
dass Rudolf Steiner positiv darauf eingehen würde.
Doch er griff diese Anregung besonders nachdenklich auf
und bezeichnete sie als von weittragender Bedeutung.
Er wolle es weiter erwägen.
Eine Messe wolle er in die Handlungen, die mit unserem
Religionsunterricht verbunden waren, nicht hereinnehmen,
>aber etwas Messe-*Ähnliches* können wir machen.<

Im März 1923 übergab Rudolf Steiner in Stuttgart
den Text der >Opferfeier< Dr. Hahn, Dr. Schubert und mir.
Wir sollten ihn uns abschreiben.

Am Palmsonntag, 25. März, hielten wir drei
diese Feier zum ersten Mal für die Schüler der 11. Klasse
und die Lehrer.
Es traten danach Kollegen an uns heran
mit dem Ersuchen, die Opferfeier für die Lehrer allein
zu wiederholen.
Wir waren unsicher, ob nicht auch diese Handlung
wie die bisher gegebenen nur für die Schüler

- wenn auch unter Teilnahme von Lehrern und Eltern -
gegeben sei. Ja, wir neigten ausgesprochenerweise
zu dieser Meinung. Es wurde mir aufgetragen,
Rudolf Steiner diese Frage vorzulegen.

Ich fragte ihn in einer Formulierung, die bereits zeigte,
ich sei der Meinung, es gehe nicht an,
die Opferfeier anders als für Schüler zu halten.
Rudolf Steiner aber blickte mich mit weit geöffneten Augen
an (ich kannte diese Geste als Ausdruck überraschten,
leicht missbilligenden Erstaunens) und sagte:
>Warum nicht?
Diese Handlung kann überall gehalten werden,
wo Menschen sind, die sie wünschen!<

So hielten wir die Opferfeier zum ersten Mal
ohne Schüler vor Lehrern allein am Karfreitag,
den 30. März 1923. In der Folgezeit wurde sie in dieser
Weise wiederholt gehalten, insbesondere zum Gedenken an
verstorbene Kollegen und bei den jährlichen Begegnungen
der ehemaligen Schüler, bisher zunächst nur für die
früheren Teilnehmer am freien Religionsunterricht.

Für das Verständnis dieser Handlung gilt es zu versuchen,
Rudolf Steiners Ausspruch >etwas Messe-Ähnliches<
in *seinem* Sinne zu erfassen.
Man kann ja diese Worte verschieden interpretieren
und darunter etwas verstehen,
was in der Entwicklungslinie der Messe vor oder auch nach
dieser einzureihen ist - was rangmäßig unter oder über
der Messe steht.
Hier können sich leicht subjektive Tendenzen geltend
machen, die mit der objektiven Entwicklung dieser Art

von Kulthandlungen in Widerspruch stehen.
Der Ausdruck >Messe-Ähnliches< besagt ja,
dass einerseits Messe-Gleiches vorliegt,
andererseits aber doch keine volle Übereinstimmung
vorhanden ist.
In frühen Ausführungen Rudolf Steiners
(z.B. Köln, 17. März 1905) [8] finden wir den Hinweis,
dass die katholische Messe ihrem Ursprung nach
auf Mysterien zurückführt, die von Persien und Ägypten
herüberkamen und in diesen Kulturströmungen
eine besonders populäre Form angenommen hatten.
Dem Schüler solcher Geheimschulen wurde ursprünglich
zunächst die Entstehung der Welt und des Menschen,
seine Bedeutung in der Welt verkündet,
wie der Weltengeist sich ergoss in jede Erscheinungsform
der Schöpfung der Naturreiche, und wie der Mensch
ein Zusammenfluss von all dem Geschaffenen sei
- die kleine Welt innerhalb der großen. Wie dann der
Mensch, der in diese reine Welt durch seine Leidenschaften
und Unvollkommenheiten Trübung hineinbrachte,
durch die Opferung seiner niederen Natur zur Katharsis,
dadurch zur Wandlung seines Wesens und so zur
Vereinigung mit seinem göttlichen Ursprung kommen
konnte, wurde dem Schüler auf einer nächsten Stufe
durch Handlungen vorgeführt.
Aus solchen Handlungen jener Mysterien
ist die Messe hervorgegangen..

---

8 *Über die Bedeutung der Messe im Sinne der Mystik.*
(Veröffentlicht mit Beiträge zur Rudolf Steiner Gesamtausgabe, Heft 110.
Die Erneuerung des religiösen Lebens.
Vorträge, Briefe und Dokumente 1905 - 1922, Dornach, 1003.)

Und bis heute entfaltet sich die christliche Messehandlung
in den vier Teilen:
Evangelium (Verkündigung), Offertorium (Opferung),
Wandlung und Kommunion.
So ist auch die Opferfeier aufgebaut,
und darin gleicht sie der Messe.
Keineswegs gleich, also nur ähnlich,
ist sie der Messe bezüglich der Substanzen
des Opfers und der Wandlung.
Es wäre unrichtig zu meinen,
in der Opferfeier gäbe es keine Substanzen.
Sie sind da in Gestalt des Leibes und des Blutes
des Menschen;
der sich in seinem Bewusstsein zutiefst
durchdringen möchte mit dem inneren Erleben
des Opfers des Christus auf Golgatha
- entsprechend den Worten:
>Die Andacht unserer Seelen
führe in diesen Opferraum
das Erleben von Christi Menschheitsopfer<,
mit denen der Teil der Opferfeier schließt,
der dem einleitenden >Staffelgebet< der Messe entspricht.

Es beginnt also die Ähnlichkeit,
das heißt Nicht-Gleichheit mit der Messe
im zweiten Teil der Opferfeier.

Für das Geschehen auf dem Altar hat Rudolf Steiner
diese Veränderung als in der Entwicklungslinie
der Messehandlung gelegen schon 1909 und 1911
sehr klar aufgezeigt, und zwar in der Besprechung
der Transsubstantiation zunächst im 14. Vortrag

des Kasseler Johannes-Evangelium-Zyklus. [9]
Da ist darauf hingewiesen, dass wir erst am Anfang
der christlichen Entwicklung leben.
Die Zukunft dieser Entwicklung
wird in der vollen Erfassung der Tatsache bestehen,
dass Christus durch das Mysterium von Golgatha
einen neuen Lichtmittelpunkt in der Erde geschaffen hat,
so dass seine Worte der Einsetzung des Abendmahls
aussprechen, er habe die Erde zu seinem Leib gemacht.
Das wird kultisch realisiert an den Substanzen
von Brot und Wein.
>Und diejenigen Menschen, welche im Stande sind,
den richtigen Sinn dieser Worte des Christus zu fassen,
die machen sich Gedankenbilder,
die anziehen in dem Brot und in dem Rebensaft
den Leib und das Blut Christi,
= die anziehen den Christus-Geist darinnen.
Und sie vereinigen sich mit dem Christus-Geist.
So wird aus dem Symbolum des Abendmahls
eine Wirklichkeit.
Ohne den Gedanken, der an Christus anknüpft
im menschlichen Herzen,
kann keine Anziehungskraft entwickelt werden
zu dem Christus-Geist im Abendmahl.
Aber durch diese Gedankenformen wird
solche Anziehungskraft entwickelt.

Und so wird für alle diejenigen,
welche das äußere Symbolum brauchen,
um einen geistigen Actus zu vollziehen,

---

9 *Rudolf Steiner, GA 112*

nämlich die Vereinigung mit dem Christus,
das Abendmahl der Weg sein
- der Weg bis dahin, wo ihre innere Kraft so stark ist,
wo sie so erfüllt sind von dem Christus,
dass sie ohne die äußere physische Vermittlung
sich mit dem Christus vereinigen können.
Die *Vorschule*
für die mystische Vereinigung mit dem Christus
ist das Abendmahl
- die Vorschule.
So müssen wir diese Dinge verstehen.
Und ebenso wie alles sich entwickelt
vom Physischen zum Geistigen hinauf
unter dem christlichen Einfluss,
so müssen sich zuerst unter dem christlichen Einfluss
heran entwickeln die Dinge, die zuerst da waren
als eine Brücke:
Vom Physischen zum Geistigen
muss sich das Abendmahl entwickeln,
um hinzuführen
zur *wirklichen* Vereinigung
mit dem Christus.
Über diese Dinge kann man nur in Andeutungen sprechen,
denn nur, wenn sie aufgenommen werden
in ihrer vollen heiligen Würde,
werden sie im richtigen Sinne verstanden.< R.St., 10

In dieser wie in der hier folgenden Ausführung
geht Rudolf Steiner aus von einem Hinweis
auf das herannahende Atomzeitalter.

---

10 *Rudolf Steiner, 7.7.1909, GA 112, S. 268*

Im Jahre 1911 besprach er im Zyklus
>Von Jesus zu Christus< [11] den exoterischen Weg,
der den Menschen zum Christus führen kann
durch das Abendmahl und die Evangelien.
Er betont im weiteren, dass dadurch,
dass die Menschen durch ihr Streben
auf dem inneren Pfade, den die Geisteswissenschaft gibt,
reif werden können,
>in ihrem Inneren nicht bloß Gedankenwelten,
nicht bloß abstrakte Gefühls- und Empfindungswelten
zu leben, sondern sich in ihrem Inneren zu durchdringen
mit dem Element des Geistes, dadurch werden sie
die Kommunion im Geiste erleben.
Dadurch werden Gedanken - als meditative Gedanken -
im Menschen leben können,
die eben dasselbe sein werden, nur von innen heraus,
wie es das Zeichen des Abendmahles
- das geweihte Brot - von außen gewesen ist. <
Dieser Weg - so fährt er fort - soll in Zukunft
ein exoterischer Weg für die Menschen werden.

>Aber dann werden sich auch die Zeremonien ändern,
und was früher durch die Attribute
von Brot und Wein geschehen ist,
das wird in Zukunft
durch ein geistiges Abendmahl geschehen.
Der Gedanke jedoch des Abendmahles,
der Kommunion, wird bleiben.<

---

11 *Rudolf Steiner, GA 131, 9. Vortrag, S. 201 - 205*

Diese beiden Stellen von 1909 und 1911,
zusammengeschaut, machen klar,
wo die Opferfeier
auf der Linie historischer Entwicklung einzureihen ist:
nicht vor, sondern nach der Messe
mit Brot und Wein.

Sie ist also nicht - weil sie scheinbar keine Substanz-
wandlung bringt - eine Vorstufe, eine Vorbereitung
auf eine Messe mit Brot und Wein.
Denn das empfangene Brot und der genossene Wein
werden im Menschen aufgenommen
von jener Kraft, die in unbewussten Tiefen
seines eigenen Leibes stoffverwandelnd wirkt,
und von da aus im Bewusstsein allmählich Klärung,
Umwandlung erzeugen kann.
Während die Kommunion im Geiste,
wie sie in der Opferfeier erlebt wird,
ein *Bewusstseinsakt* ist,
der sich immer heller klären und bis ins Physische
des Menschen auswirken kann.
Die zitierten Stellen weisen deutlich
auf die Wandlung und Kommunion hin,
wie sie Rudolf Steiner zwölf Jahre später
in der Opferfeier gegeben hat.
In Fortsetzung des oben Zitierten stellt er als Voraussetzung
für eine solche Kommunion im Geiste hin,
>dass gewisse innere Gedanken, innere Fühlungen
ebenso weihevoll das Innere durchdringen
und durchgeistigen, wie in dem besten Sinne

der inneren christlichen Entwicklung das Abendmahl
die Menschenseele durchgeistigt und durchchristet hat.
Wenn das möglich wird - und es wird möglich -,
dann sind wir wieder um eine Etappe
in der Entwicklung weitergeschritten.
Und dadurch wird wieder der reale Beweis
geliefert werden,
dass das Christentum größer ist als seine äußere Form.<

Die Form für diese weihevollen, das Innere
durchdringenden und durchgeistigenden Gedanken
ist in der Opferfeier gegeben.

Man muss sich bloß von dem Vorurteil frei machen,
als seien Gedanken immer nur ein abstraktes Etwas.
Ihre Art hängt vom denkenden Subjekt ab.
Gedanken können ein Erlebnis werden,
das die Macht hat, bis ins Physische
gestaltend zu wirken.
So kann es geschehen durch die Opferfeier
bis in Leib und Blut
des nach dem Christus strebenden Menschen.
Und so können sich im Verfolg dieses Erlebens
- Dank dem Werdebild von Welt und Mensch,
das uns die Geisteswissenschaft gibt -
die Worte des Offertoriums der Opferfeier,
die mit erhobenen Armen gesprochen werden,
und diejenigen, die darauf der rechts Stehende spricht,
weihevoll weiten zum Gedanken
der kosmischen Biographie des Wesens Mensch:
Es kann vor uns stehen die Schilderung der Zeit,
da die Sonne heraustrat aus der Mond-gefesselten Erde.

Mit der Sonne verließ die Erde auch das hohe Wesen
des Menschheits-Ich, das wir jetzt Christus nennen.
Es verließen uns die hierarchischen Urbilder des Menschen,
die bloßen Abbilder zurücklassend. Das hieß:
Der Mensch nahm im Dienste der Weltentwicklung
das Opfer auf sich, tiefer hineinzusteigen
in die nun sich bildende Finsternis der Stoffeswelt
- ein Entwicklungsmoment, vor dem hohe Geistwesen,
die dem Menschen in diesem Abstieg nicht folgen wollten,
>ihr Antlitz verhüllten<.
In eine noch weiter zurückliegende Entwicklungsphase
kann der Gedanke zurücktauchen:
als das vorsaturnische Geistwesen der Menschheit,
das eine sehr hohe Entwicklung ohne Stoffesverbundenheit
(allerdings ohne Entfaltung des freien Ichs)
hätte durchmachen können, eintrat in diesen Weltenzyklus,
um eben diesen Weg der physischen Gesetzmäßigkeit
durchzumachen. [12]
Dieser Schritt war es, der
>das Opfer unseres Menschenseins,
unseres beseelten Leibes,
unseres durchgeisteten Blutes<
eingeleitet hat,
jenen Abstieg in die Finsternis des Stoffes,
aus dem wir ohne die Kraft des Christus
die Möglichkeit zum Wiederaufstieg
nicht gewinnen könnten.
Wesen einer Zukunftswelt können entstehen,

---

12   *Anthroposohische Leitsätze. Der Erkenntnisweg der Anthroposophie -
Das Michael-Mysterium. GA 26, S. 157-166, auch Köln, 27. April 1905
(noch nicht publiziert).*

wenn der Mensch im Laufe seiner Entwicklung
die Kraft findet, jenes >wesenschaffende Liebe-Feuer<
entstehen zu machen, das von >Mensch zu Gott<
und auch >von Mensch zu Mensch< walten kann.
Gewiss wird nicht jeder Teilnehmer der Opferfeier
diese Bezugnahme auf weit zurückliegende
kosmische Phasen des Menschheitsweges
aufgreifen können oder wollen.
Verschiedenheiten in der Erlebnisweise gibt es ja
bei jeder Art von Kulthandlungen.
Um die *Zielsetzung* handelt es sich hier,
denn diese wirkt.
Und das Ziel der Opferfeier ist,
sich in Leib und Blut, bis ins Physische,
mit dem Menschheits-Ich zu verbinden.
Dass dieses Ziel erreichbar ist in unserer Gegenwart,
hat Rudolf Steiner
auch in persönlichen Gesprächen betont,
so zu Friedrich Rittelmeyer, wie dieser in seinem Buche
>Meine Lebensbegegnung mit Rudolf Steiner< mitteilt,
indem er daran eigene wesentliche Gedanken
über die zwei Arten der Kommunion anknüpft.

So waren Anfrage und Forderung jener Schülerin
von weittragender Bedeutung
und gaben Rudolf Steiner die Möglichkeit,
was er schon 1909 und 1911 angedeutet hatte,
in Kultform der Menschheit zu geben.

Auf die Frage, wie es sich damit verhält,
dass dieser Kult von Menschen
ohne Priesterweihe vollzogen wird,

soll Rudolf Steiner geantwortet haben,
er sei hier so weit gegangen,
wie er eben mit Nichtgeweihten gehen könne. [13]
Diese Antwort
ist auch von weittragender Bedeutung:
Was in der Entwicklung der Christenheit
als Sehnsucht und Streben nach Laienpriestertum
immer wieder erstand
- allerdings auch immer wieder verfolgt und schließlich zum
Verschwinden gebracht wurde -,
das hat hier durch Rudolf Steiner
eine neue Keimlegung erfahren,
die je nach der Schicksalsführung des Einzelnen
ihre Früchte zeitigen kann.

Dies wird erreicht sein,
wenn durch innerstes Streben
in der Begegnung mit dem höchsten Selbst,
dem Christus, die Weihe erworben ist. «

Maria Röschl-Lehrs, Eckwälden, Ostern 1964

---

13 ..nämlich *weitergehender* als mit "geweihten Priestern" innerhalb einer amtspriesterlichen »Kirche« / als in der »Christengemeinschaft«, die eben NUR mit einer
»Priester-Weihe« wirken können und dürfen - während die »Laien« / Nicht-Geweihten
sakramental nichts dürfen.
Hier - in der allgemein-priesterlichen Opferfeier - "darf" aber der strebende Anthroposoph
und Christ wirkungsvoll und berechtigt handeln. Die Zukunft ist nicht mehr die Exklusivität
einer "Weihe" und die Berechtigung durch eine hierarchische Institution. VDL

Die Opferfeier
als revolutionäres Zentralsakrament *

Was in der Entwicklung der Christenheit
als Sehnsucht und Streben
nach Laienpriestertum
immer wieder erstand
– allerdings auch immer wieder verfolgt
und schließlich zum Verschwinden gebracht wurde –,
das hat hier durch Rudolf Steiner
eine neue Keimlegung erfahren.

Maria Röschl-Lehrs, GA 265, S.42

Revolutionär ist die Opferfeier nicht nur, weil sie

● auf das *prinzipiell allgemeine Priester-Sein*
des Christen ("Laien"-Priestertum -
»Jeder Mensch ein Priester!«) baut
● und weil sie ökumenisch, *überkonfessionell* ist
● und ein authentisch *individuelles* Ergreifen *(»Fortsetzung«)*
ermöglicht,

sondern weil sie außerdem

● die »*direkte*« Kommunion gegenüber dem
»indirekten« Kultus der traditionellen Messe praktiziert :
Dort wird zunächst 1. Brot und Wein gewandelt, die dann
dem Kommunikanten gereicht werden und nach Einnahme
der Substanzen 2. in ihm wirksam sind und so in der Folge
auch ihn selbst wandeln können ("indirekt" = über den 'Umweg'
der Substanzen).
Bei der »direkten« Handhabung vollzieht sich die Wandlung
jedoch *direkt* am Leib und Blut des Kommunikanten.
(» Es wäre unrichtig zu meinen, in der Opferfeier
gäbe es keine Substanzen.
Sie sind da in der Gestalt des Leibes und des Blutes
des Menschen [selbst - VDL] ... « *Maria Röschl-Lehrs, GA 269.*)

Damit ist von Rudolf Steiner
eine kultushistorische Wende initiiert ... !

---

* *Siehe Hinweis S. 22*

Sie *(das Sakrament der Wandlung - VDL)* steht
- als zentrales Sakrament -
an der Spitze der Hierarchie aus zwei Gründen.
Erstens, weil sie die Kraft des ganzen Christus
selbst enthält;
zweitens, weil alle übrigen Sakramente
auf sie zu- und hingeordnet sind.

Alexandre Ganoczy

...zusammengeschaut, machen klar,
wo die Opferfeier
auf der Linie historischer Entwicklung einzureihen ist:
nicht vor, sondern *nach* der Messe mit Brot und Wein.

Maria Röschl-Lehrs, GA 269, S. 128

Diese Handlung kann überall gehalten werden,
wo Menschen sind, die sie wünschen!

Rudolf Steiner, GA 269, S.125

Eine kultische Arbeit
in der anthroposophischen Bewegung
müsse aus demselben geistigen Strom hervorgehen
wie die Schulhandlungen,
gewissermaßen eine Fortsetzung dessen werden,
was in Form und Inhalt in der Opferfeier
der Schule gegeben wurde.

Rudolf Steiner, GA 269, S.133

Christi Taten auf Golgatha
Stehen vor unseren Seelen.

Die Weihe-Stimmung unserer Seelen
Offenbaret uns Christi Taten auf Erden.
Die Verehrung unserer Seelen
Betet zu Christi Menschheitsopfer.
Die Andacht unserer Seelen
Führe in diesen Opferraum
Das Erleben von Christi Menschheitsopfer.

Aus der Opferfeier

Eine kultische Arbeit
in der anthroposophischen Bewegung

Fortsetzung in Form und Inhalt ...
was mit der Opferfeier gegeben wurde

» ... Als wir nach der Delegiertentagung (1923)
die Arbeitsgruppe der Freien Gesellschaft aufbauten
und gleichzeitig die Christengemeinschaft ihre Arbeit begann,
kam es in unserem Mitarbeiterkreis zu einem Gespräch
über unsere Aufgaben und unsere Arbeitsweise.
Von einigen wurde festgestellt, dass die Christengemeinschaft
es mit ihrer Arbeit leichter habe, da sie eine Kultus besitze,
wir dagegen nur die Möglichkeit hätten, durch das Wort
zu wirken.
Man fragte sich, ob es wohl denkbar sei, dass für die Gesellschaft
auch einmal ein Kultisches gegeben werden könnte.
Die Meinungen waren geteilt. Ich wandte mich darauf
mit dieser Frage an Dr. Steiner selbst.
Er erklärte, dass dies wohl denkbar sei. So habe es vor
dem Kriege ja auch die Esoterische Schule gegeben.
In der Zukunft werde das (was damals noch in Anlehnung
an die Theosophische Gesellschaft entstanden war)
in anderer Gestalt gegeben werden.
Es käme auch nicht die Form der Christengemeinschaft in Frage.
Er charakterisierte darauf, wie auch später in Dornach *(30.12.1922)*,
die andersartigen Grundlagen
von Anthroposophie und Christengemeinschaft.

Eine kultische Arbeit
in der anthroposophischen Bewegung
muss aus dem selben geistigen Strom hervorgehen
wie die Schulhandlungen,
gewissermaßen
eine *Fortsetzung* dessen,
was in Form und Inhalt
in der *Opferfeier* gegeben war ... «

*Rudolf Steiner an
René Maikowski*
in einem Brief an Gotthard Starke vom 29.8.1983 (Auszug),
s.a. GA 269, S.133.

Durch den unerwartet frühen Tod Steiners
blieb, von offizieller Seite,
diese Aufgabe bis heute pendent.

So lasset
in Geistes-Wandelung

unseren Leib - unserer Seele Träger -,
unser Blut - unseres Geistes Träger -
werden Seinen Leib,
werden Sein Blut.

ER sprach:
Nehmet hin!
Seine Gnade
lasse uns sprechen:
Nimm hin.

Aus der Opferfeier
Rudolf Steiner

Arbeitsmaterial zur Kultus-Frage

DAS SAKRAMENT
DER
OPFERFEIER

Nehmet hin dies,
als die opfernde Tat
der Menschenseele.

Das Zentral-Sakrament
der Opferfeier
in der freien christlichen Fassung Rudolf Steiners
heute

DAS SAKRAMENT DER OPFERFEIER

Folgend die traditionelle Art
- wie vor allem in den Waldorfschulen und heilpädagogischen Heimen -

Die Opferfeier
kann auch in anderer Form gehalten werden, s. S. 95.

Die Kerzen
sind durch den links Handelnden entzündet.
Die Handelnden stehen
vor Einlass der Feiergemeinschaft
am Opfertisch, Gesicht nach diesem gerichtet.
Nach dem Einlass öffnen alle ihre Bücher.

EVANGELIUM

Es spricht der in der Mitte Handelnde
zum Opfertisch hin:

Christi Taten auf Golgatha
stehen vor unseren Seelen.

Die Weihe-Stimmung unserer Seelen
offenbaret uns Christi Taten auf Erden.
Die Verehrung unserer Seelen
betet zu Christi Menschheitsopfer.
Die Andacht unserer Seelen
führe in diesen Opferraum
das Erleben
von Christi Menschheitsopfer.

Pause

Der Vatergott sei in uns,
der Sohnesgott schaffe in uns,
der Geistgott erleuchte uns.

*Der in der Mitte Handelnde
wendet sich zur Feiergemeinschaft um und spricht:*

Christus in euch.

*Der rechts Handelnde
erwidert in Richtung Opfertisch:*

Und deinen Geist erfülle er.

*Der in der Mitte Handelnde
wendet sich wieder zum Opfertisch um.*

*Nun spricht der rechts Handelnde
in Richtung Opfertisch:*

Zu dem Vatergotte
wenden
wir unseren Geist.
Er webt im Weltengrunde,
er lebt in unserer Menschheit.
Wir sind alles,
was wir sind
in seinem Sein,
durch seine Kraft.

Zu dem Sohnesgotte
wenden
wir unsere Seele.
Er waltet als ewiges Wort
in Weltensein und Menschenwesen.

Wir finden Trost
für unsere Schwachheit
in seiner Stärke,
in seiner Opfertat.

Zu dem Geistgotte
wenden
wir unseren Willen.
Er leuchte in unseren Entschlüssen,
er walte in unseren Taten.
Wir finden Stärke
in unserer Finsternis
durch sein Licht
und Seelenkraft
durch ihn
als Geistessonne.

Zum Opfertisch gewandt
spricht der links Handelnde:

Mein Herz trage in sich
das Bewusstsein
deines Lebens, o Christus;
meinen Lippen entströme
dein reines Wort, o Christus.
Deine Gnade würdige mich
zu sprechen
dein Wort, o Christus.

Alle drei Handelnden
wenden sich zur Feiergemeinschaft.
Kleine Pause.
Dann spricht der links Handelnde
zur Feiergemeinschaft hin:

Es wird nun verkündet
das Evangelium nach:

. . . .

Zur VERLESUNG DES EVANGELIUMS
durch den links Handelnden stehen alle auf.

*Nach dem Evangelium
wenden sich alle drei Handelnden
zum Opfertisch zurück.*

Der in der Mitte Handelnde spricht:

Wir erheben unsere Seele
zu dir, o Christus.
Dein Evangelium
als reines Wort,
tilget aus unseren Worten,
was unrein in ihnen ist.

*Nur zu Pfingsten
wenden sich alle Drei
wieder zur Feiergemeinschaft um
zur Verlesung des Pfingst-Hymnus
»Veni creator spiritus«,
durch den in der Mitte Handelnden
und wenden sich danach wieder zurück.
Text siehe: S.77.*

*Dann, bzw. während des restlichen Jahres
wendet sich nach obigen Worten
der in der Mitte und der rechts Handelnde
zur Feiergemeinschaft um.*

*Der in der Mitte Handelnde
spricht mit Segensgebärde:*

Christus in euch.

Und deinen Geist erfülle er.

Beide wenden sich wieder zum Opfertisch um.

OPFERUNG

Der rechts Handelnde spricht zum Opfertisch hin:

Dir, ewiger Weltengrund,
webend in Raumesweiten
und in Zeitenfernen,
opfern die heiligsten Gefühle
deiner Menschensprossen
hingegebene Herzen.

Du schauest in die Schwächen
dieser Herzen;
so ströme zu dir auch
die Sehnsucht dieser Herzen.

Der links Handelnde spricht, zum Opfertisch hin:

Ja, so sei es.

Der in der Mitte Handelnde spricht, sehr langsam,
zum Opfertisch hin:

All unser Menschensein
denke hin zu Christi Tat.

Unser Leib sehnet sich
nach Christi Kraft,
Unser Blut sehnet sich
nach Christi Licht.

Mit erhobenen Armen und Blick zum Bild,
frei gesprochen:

In deinen Sonnenhöhen
o Christus,
schaue
auf das Opfer
unseres Menschenseins;
unseres beseelten Leibes,
unseres durchgeisteten Blutes.
Sie seien in dir,
Du seiest in ihnen.

Der rechts Handelnde spricht, zum Opfertisch hin:

Aus des Menschen Seelenopfer,
aus des Menschen Geistesopfer,
werde
das wesenschaffende Liebefeuer,
das walte von Mensch zu Gott,
das walte von Mensch zu Mensch.

Der links Handelnde spricht, zum Opfertisch hin:

Ja, so sei es.

Der in der Mitte und der rechts Handelnde
wenden sich zur Feiergemeinschaft um,
der in der Mitte spricht
mit Segensgebärde:

Christus in euch.

Der rechts Handelnde antwortet zur Feiergemeinschaft:

Und deinen Geist erfülle er.

Boide wenden sich zum Opfertisch zurück.

WANDLUNG

Der links Handelnde spricht, zum Opfertisch hin:

Unser Denken leuchte
dir entgegen,
unser Fühlen sehne sich
nach dir,
unser Wollen krafte
nach dir,
göttlicher Weltengrund.

Der rechts Handelnde spricht, zum Opfertisch hin:

Unser Schicksal walte
mit dir,
unser Leben fließe
in dir,
unser Sehnen trachte
nach dir,
Christus,
du Walter für uns.

Der in der Mitte Handelnde spricht,
zum Opfertisch hin:

Er hat sich geeint,
bevor er hinging
zum Menschentode,
mit den Seinen.

Er weihte seinen Leib
- den Träger seiner Seele -
dem göttlichen Weltengrund.
Er weihte sein Blut
- den Träger seines Geistes -
dem Lichte des Weltengrundes.
Und so gab er sich hin
den Seinen.

So lasset in Geistes-Wandelung
unseren Leib
- unserer Seele Träger - ,
unser Blut
- unseres Geistes Träger -
werden seinen Leib,
werden sein Blut.

Er sprach:
Nehmet hin;
seine Gnade lasse uns sprechen:
Nimm hin.

Wir möchten
dir geben
das Opfer,
im Lichte deines Opfers,
suchend unser Sein
in deinem Sein.

Christus walte
Heil tragend in unserer Seele,
Kraft spendend in unserem Geiste.

Christus ist in uns.

Sein Licht leuchtet,
seine Gnade waltet,
seine Kraft webet allhier.

Der Geist-Gott
walte über unser Denken,
webe in unserem Fühlen,
wirke aus unserem Wollen.

Christus in euch.

Und deinen Geist erfülle er.

Ja, so sei es.

KOMMUNION

Der links Handelnde spricht, zum Opfertisch hin:

O Christus,
du hast
in unerschöpflicher Güte,
in unermesslicher Liebe,
in grenzenloser Gnade,
den Frieden gegeben
den Deinigen ...

Der rechts Handelnde spricht
unmittelbar anschließend,
zum Opfertisch hin:

So mache unseren Geist
hell von Licht erfüllt,
so mache unser Wort
rein von Gedanken erfüllt,
so mache unser Herz
lauter und sündenrein.

Der in der Mitte Handelnde spricht langsam,
zum Opfertisch hin:

Christus in uns.
Sein heller, lichterfüllter Geist
in unserem Geiste,
seine reinen, seelewarmen Gedanken
in unserer Seele,
sein lautres, sündenreines Herz
in unserem Herzen.

Christus,
wir empfangen dich:
Zur Gesundung unseres Leibes,
zur Gesundung unserer Seele,
zur Gesundung unseres Geistes.

Der links Handelnde spricht, zum Opfertisch hin:

Ja, so sei es.

*Der Kommunionsakt.
Alle drei Handlungshaltende
wenden sich zur Feiergemeinschaft um.
Zur Kommunion
stehen die dazu bereiten Teilnehmer auf,
bzw. sitzen in der ersten Reihe.*

*Der rechts Handelnde geht zu ihnen,
berührt mit folgenden Worten
deren Stirn mit Zeige- und Mittelfinger:*

Christi Geist lebe in dir.

Der Empfangende antwortet:

Ich darf empfangen
Christi Geist.

SCHLUSS

*Alle Handelnden wenden sich
zur Feiergemeinschaft um.
Der in der Mitte Handelnde spricht
mit Segensgebärde:*

Christus in euch.

Der rechts Handelnde antwortet:

Und deinen Geist erfülle er.

Der links Handelnde spricht:

Nehmet hin dies,
als die opfernde Tat
der Menschenseele.

Der rechts Handelnde spricht:

Ja, so sei es.

*Die Handelnden wenden sich
wieder zum Opfertisch hin.
Die Handlungsbücher werden geschlossen.*

Musik möglich.

Die Feiergemeinschaft verlässt den Raum.

*Danach werden die Kerzen
vom links Handelnden gelöscht.
Die Handelnden
verlassen ihre Plätze am Opfertisch.*

Die Opferfeier
Original Rudolf Steiner,
1923 den freien christlichen Religionslehrern
der Freien Waldorfschule in Stuttgart gegeben.

Der Originaltext Steiners
ist in der Schriftart Palatino gesetzt.

Siehe Original-Text u. a. :
GA 269 (1997), S. 63-79, handschriftliches Original (Faksimile).

Handlungsanweisungen:
gemäß Rudolf Steiner und der gegenwärtigen Praxis
insbesondere in den Freien Waldorfschulen.
(Original sind keine vollständigen Anweisungen gegeben.)

Der linksbündig gesetzte Text wird vom links
 vor dem Opfertisch stehenden Handelnden gesprochen,
der rechtsbündige vom Rechten,
der zentrierte vom Mittleren.

Einschub für Pfingsten   ➢

Original Rudolf Steiner,
den freien christlichen Religionslehrern
der Freien Waldorfschule in Stuttgart gegeben.

Siehe Original-Text u.a. : GA 269 (1997), S. 45-46
und hier als Faksimile S. 84.

Einschub für Pfingsten

Die Goethe'sche Übersetzung
des alten Pfingsthymnus »Veni Creator Spiritus« :

Komm, Heiliger Geist, du Schaffender,
komm, deine Seelen suche heim;
mit Gnaden-Fülle segne sie,
die Brust, die du geschaffen hast.

Du heißest Tröster, Paraklet,
des höchsten Gottes Hoch-Geschenk,
lebend'ger Quell und Liebes-Glut
und Salbung heil'ger Geistes-Kraft.
Du siebenfaltiger Gaben-Schatz,
du Finger Gottes rechter Hand,
von ihm versprochen und geschickt,
der Kehle Stimm' und Rede gibst.

Den Sinnen zünde Lichter an,
dem Herzen frohe Mutigkeit,
dass wir, im Körper Wandelnden,
bereit zum Handeln sei'n, zum Kampf.
Den Feind bedränge, treib ihn fort,
dass uns des Friedens wir erfreun
und so an deiner Führer-Hand
dem Schaden überall entgehn.

Vom Vater uns Erkenntnis gib,
Erkenntnis auch vom Sohn zugleich,
uns, die dem beiderseit'gen Geist
zu allen Zeiten gläubig flehn.
Darum sei Gott dem Vater Preis,
dem Sohne, der vom Tod erstand,
dem Paraklet, dem Wirkenden,
von Ewigkeit zu Ewigkeit.

HINWEISE zur Handhabung

DREHUNGEN

Der die Handlung in der Mitte Vollziehende wendet sich immer gegen den Uhrzeigersinn, so dass er insgesamt einen ganzen Kreis beschreibt.
Die rechts und links Handelnden bewegen sich so, dass sie jeweils nur einen Halbkreis hin und den gleichen Weg zurück machen. Dabei drehen sie sich immer zur Mitte.

SEGENSGESTE

Zu den im Laufe der Opferfeier fünfmal wiederholten Worten: »Christus in euch« hat Rudolf Steiner die folgende Haltung angegeben:
Die Arme werden nur halb erhoben (die Ellenbogen sind angezogen), die Handflächen sind segnend nach außen gewendet; die geschlossen gehaltenen Finger leicht nach vorne gekrümmt.
Nach der Antwort »Und deinen Geist erfülle er.« wird die Geste zurückgenommen. (Mit der Antwort ist nicht der Geist des Handelnden, sondern der der Teilnehmer gemeint.)

KOMMUNIONSAKT

Der rechts Handelnde berührt mit dem Zeigefinger und mit dem Mittelfinger zusammen die Mitte der Stirn des Kommunikanten, indem er frontal zum Kommunikanten steht. Die Berührung kann so lange dauern, bis die Worte »Christi Geist lebe in Dir« gesprochen sind. Sie kann auch nur für den Augenblick eines Wortes währen.

EINLASS / AUSGANG

Alle Teilnehmer gehen zusammen herein.
Diejenigen die zur Kommunion gehen wollen, setzen sich in die erste Reihe, bzw. stehen dazu auf, während die Anderen sitzen bleiben.
Der Einlass/Ausgang findet ohne Worte statt.
Üblicherweise stehen die Handlungshaltenden beim Einlass bereits am Altar und verlassen diesen wenn alle wieder draußen sind.

Es sind aber auch Formen des gemeinsamen Handelns möglich, indem alle mit den Handelnden gemeinsam beginnen / enden und diese aus den Reihen aller kommen, sowie dass man mehr in einer Kreisform sitzt [IfcAG], etc.!

Die Opferfeier
kann in verschiedenen Formen gestaltet werden.
In der IfcAG (aber auch schon an bestimmten
Waldorfschulen) nutzen wir die Kreis-Form (siehe S. 95).
Wenn sie individuell und alleine, oder im kleinsten Kreis gehalten wird,
sind dementsprechende Formen aufzufinden.

Diese Handlung
kann überall gehalten werden,
wo Menschen sind,
die sie wünschen.

Rudolf Steiner,
lt. Maria Röschl-Lehrs, GA 269, S. 125

Folgend die Opferfeier in Kernsätzen *

Die Praxis zeigt, dass oftmals das Bedürfnis besteht,
sich täglich in die Opferfeier zu vertiefen,
der Alltag aber die Länge nicht zulässt.
Um dennoch die Kontinuität zu halten,
ist ggf. eine konzentrierte Fassung
- jeweils ein Satz aus den vier Teilen - sinnvoll.

*(* Eine Fassung aus der IfcAG)*

Initiative für ein freies,
anthroposophisch + sakramental vertieftes
Christ-Sein heute

Die Opferfeier

in konzentrierter Fassung (IfcAG)

Der Vatergott sei in uns, (Einstimmung)
der Sohnesgott schaffe in uns,
der Geistgott erleuchte uns.

Christi Taten auf Golgatha (Evangelium)
    stehen vor unseren Seelen.

Du schauest in die Schwächen (Opferung)
    dieser Herzen;
So ströme zu dir auch
    die Sehnsucht dieser Herzen.

ER sprach: (Wandlung)
    Nehmet hin;
seine Gnade lasse uns sprechen:
    Nimm hin.

Christus, (Kommunion)
    wir empfangen dich:
Zur Gesundung
    unseres Leibes, unserer Seele, unseres Geistes.

Ggf. die Kommunionshandlung / Antwort:

Christi Geist lebe in (mir / uns) dir !

(oder: Christus in euch / dir !)

Ja, so sei es! ! (Schluss)

Die Opferfeier

Faksimile der handschriftlichen Fassung Rudolf Steiners

Opferfeier.

I: Der Opfer-Feiernde (mit den Helfern zur linken und rechten)
steht vor dem Opfertisch, Gesicht nach diesem gerichtet und
spricht:

Christi Taten auf Golgatha
Stehen vor unseren Seelen.
Die Weihe-Stimmung unserer Seelen
Offenbaret uns Christi Taten auf Erden.
Die Verehrung unserer Seelen
Betet zu Christi Menschheitsopfer.
Die Andacht unserer Seelen
Führe in diesen Opferraum
Das Erleben von Christi Menschheitsopfer.

Nach einer Pause spricht der Feiernde weiter:

Der Vatergott sei in uns
Der Sohnesgott schaffe in uns
Der Geistgott erleuchte uns.

Der Feiernde wendet sich um und spricht zur Gemeinde:

Christus in euch

Der vom Feiernden rechts stehende Helfer erwidert:

Und seinen Geist erfülle Er.

Nun spricht in der Richtung nach dem Opfertisch der von dem
Feiernden rechts stehende Helfer:

Zu dem Vatergotte wenden
Wir unseren Geist.
Er webt in Weltengründe
Er lebt in unserer Menschheit.

Wir sind alles,
Was wir sind
In seinem Sein
Durch seine Kraft.

Zu dem Sohnesgotte wenden
Wir unsere Seele.
Er waltet als ewiges Wort
In Weltensein und Menschenwesen
Wir finden Trost
Für unsere Schwachheit
In seiner Stärke,
In seiner Opfertat.

Zu dem Geistgotte wenden
Wir unseren Willen
Er leuchte in unseren Entschlüßen
Er walte in unseren Taten.
Wir finden Stärke
In unserer Finsternis
Durch sein Licht,
Und Seelenkraft durch ihn
als Geistesforme.

Mit dem Gesichte zur Gemeinde liest nun der zur linken vom Feiernden
stehende Helfer ein Capitel aus
dem Evangelium
Vorher aber spricht er:
Mein Herz trage in sich
Das Bewusstsein Deines Lebens
O Christus;

Meinen Lippen entströme
Dein reines Wort
O Christus.
Deine Gnade würdige
mich, zu sprechen Dein Wort
O Christus.

(Evangelien Lesung)

Der Feiernde in der Mitte spricht mit dem Gefühle zum
Opfertisch:

Wir erheben unsre Seele
Zu Dir, O Christus.
Dein Evangelium
Als reines Wort
Tilget aus unsern Worten
Was unrein in ihnen ist

Der Feiernde wendet sich zur Gemeinde und spricht:

Christus in euch

Der ihm rechts mit Bezug auf den Opfertisch stehende
erwidert:

Und deinen Geist erfülle Er.

[Pause].

Der vom Feiernde (immer in der Richtung zum Opfertisch gemeint) rechtsstehende
Helfer spricht mit dem Gefühle zum Opfertisch:

Du ewiger Weltengrund,
Webend in Raumesweiten
Und in Zeitenfernen
Opfern die heiligsten Gefühle
Deiner Menschensprossen
Hingegebene Herzen.

Du schaust in die Schwächen
Dieser Herzen;
So ströme zu Dir auch
Die Sehnsucht dieser Herzen.

Der linksstehende Helfer *spricht* mit dem Gefühle zum Opfertisch.

Ja, so sei es.

Der Feiernde spricht mit dem Gesichte zum Opfertisch:

All unser Menschensein
Denke hin zu Christi Tat.
Unser Leib sehnet sich
Nach Christi Kraft
Unser Blut sehnet sich
Nach Christi Licht.   (mit erhobenen Armen)
In Deinen Sonnenhöhen
O Christus schaue
Auf das Opfer
  Unseres Menschenseins;
  Unseres beseelten Leibes,
  Unseres durchgeisteten Blutes.
  Sie seien in Dir
  Du seiest in ihnen.

Der rechtsstehende Helfer spricht mit dem Gefühle zum Opfertisch:

Aus des Menschen Seelenopfer
Aus des Menschen Geistesopfer
Werde das wesenhaftende Liebesfeuer
Das walte von Mensch zu Gott
Das walte von Mensch zu Mensch.

85

Der linksstehende Helfer spricht mit dem Gesichte zum Opfertisch:
Ja, so sei es.

Der Feiernde wendet sich zur Gemeinde und spricht:
Christus in euch.

Der rechtsstehende Helfer wendet sich zur Gemeinde und spricht:
Unsern eignen Geist erfülle Es.

[Pause].

Der linksstehende Helfer spricht mit dem Gesichte zum Opfertisch:
Unser Denken leuchte
Dir entgegen
Unser Fühlen sehne
Sich nach Dir
Unser Wollen krafte
Nach Dir
Göttlicher Weltengrund.

Der rechtsstehende Helfer spricht mit dem Gesichte zum Opfertisch:
Unser Schicksal walte
mit Dir
Unser Leben fliesse
In Dir
Unser Sehnen trachte
Nach Dir
Christus, Du Walter für uns.

Der Feiernde spricht mit dem Gesichte zum Opfertisch:
Er hat sich geeint
Bevor Er hingieng

Zum Menschentode
mit den Seinen.

Er weihte Seinen Leib
Den Träger Seiner Seele
Dem göttlichen Weltengrund

Er weihte Sein Blut
Den Träger Seines Geistes
Dem Lichte des Weltengrundes

Und so gab Er Sich hin
Den Seinen.

So lasset in Geistes-Wandelung
Unseren Leib
Unserer Seele Träger
Unser Blut
Unseres Geistes Träger
Werden Seinen Leib
Werden Sein Blut.

Er sprach:
Nehmet hin;
Seine Gnade lasse uns sprechen
Nimm hin:
Wir möchten
Dir geben:
Das Opfer
Im Lichte
Deines Opfers
Suchend unser Sein
In Deinem Sein.

Christus walte
Heil-tragend
In unserer Seele
Kraft spendend
In unserem Geiste.

Der rechtstehende Helfer spricht (Gebiß zum Opfertisch)

Christus ist in uns
Sein Licht leuchtet
Seine Gnade wallet
Seine Kraft webet allhier.

Der linkestehende Helfer spricht (Gebiß zum Opfertisch):

Der Geist-gott
Walte über unser Denken
Webe in unserem Fühlen
Wirke aus unserem Wollen.

Der Feiernde wendet sich zur Gemeinde und spricht.

Christus in euch

Der rechtsstehende Helfer wendet sich zur Gemeinde und erwidert:

Und deinen Geist erfülle Er.

Der linksstehende Helfer zur Gemeinde:

Ja so sei es.

(Pause).

Der linksstehende Helfer, Gebiß zum Opfertisch:
O Christus, Du hast

In unerschöpflicher Güte
In unermeßlicher Liebe
In grenzenloser Gnade
Den Frieden gegeben
Den Deinigen ......

Der rechte Helfer, Gebirg zum Opfertisch, läßt fort:

So mache unseren Geist
Hell von Lichte erfüllt

So mache unser Wort
Rein von Gedanken erfüllt

So mache unser Herz
Lauter und sündenrein

Der Feiernde, Gebirg zum Opfertisch:

Christus in uns
Sein heller, lichterfüllter Geist
In unsrem Geiste
Seine reinen, seelewarmen Gedanken
In unsrer Seele
Sein lautres, sündenreines Herz
In unsrem Herzen.

Christus, wir empfangen Dich
Zur Gesundung unseres Leibes
Zur Gesundung unsrer Seele
Zur Gesundung unsres Geistes.

Der linksstehende Helfer, gefisst zum Opfertisch:

Ja, so sei es.

Der rechtsstehende Helfer geht zu jedem Gemeindemitgliede, berührt mit zwei Fingern dessen Stirn und spricht:

Christi Geist lebe in dir

Das Gemeindemitglied erwiedert:

Ich ~~darf~~ empfangen Christi Geist.

Nach Absolvierung geht der rechtsstehende Helfer an seinen Platz zurück (es kann hier Musik eingefügt werden).

Dann Schluss:

Der Feiernde, gefisst zur Gemeinde:

Christus in euch

Der rechtsstehende Helfer, gefisst zur Gemeinde:

Und deinen Geist erfülle Es.

Der linksstehende Helfer zur Gemeinde:

Nehmet hin dies

Als die opfernde Tat

der Menschenseele.

Der rechtsstehende Helfer, zur Gemeinde.

Ja, so sei es.

Rudolf Steiner
aus »Ritualtexte für die Feiern des freien christlichen Religionunterrichtes«
GA 269, S.62-78

So mache unseren Geist
hell von Licht erfüllt,
so mache unser Wort
rein von Gedanken erfüllt,
so mache unser Herz
lauter und sündenrein.

Rudolf Steiner - Aus der Opferfeier

Arbeitsmaterial zur Kultus-Frage

FRAGEN zur Praxis

ANGABEN UND HINWEISE
ZUR LITURGISCHEN PRAXIS

Diese betreffen die offizielle, traditionelle Handhabung
- in der Regel - in den Waldorfschulen und heilpädagogischen Heimen.
Innerhalb eines freien oder privaten Rahmens
muss die Praxis den Möglichkeiten und Bedürfnissen aller Beteiligten
entsprechend angepasst werden.
Und - für uns - grundsätzlich:
Eine dogmatische Festlegung darf es nicht geben
(sondern freies Handeln aus Erkenntnis!) .

Nachdem Taufe, Trauung und Bestattung
mangels Engagement und Fragen einschliefen,
war dies bei den "laien"-priesterlichen Handlungen
innerhalb der Waldorfschulen nicht so.
Dadurch liegen uns hier für deren - (meist) konservative - Praxis
grundsätzliche Anregungen und Angaben Rudolf Steiners vor,
wovon folgend die wichtigsten herausgegriffen sind.

Offiziell liegen die Angaben für die Schulhandlungen
in den »Hinweisen zu den Handlungen des freien christlichen Religionsunterrichts
und zur Raumgestaltung«,
Ausarbeitung der Angaben von Herbert Hahn durch Helmut von Kügelgen,
als interne Ausgabe für die freien christlichen Religionslehrer vor, herausgegeben
von der Pädagogischen Sektion der Freien Hochschule, Goetheanum, CH-4143.
Innerhalb der Gesamtausgabe finden Sie die Angaben in der GA 269 !

ZUR **KLEIDUNG**

Bezweckt ist, dass das Überpersönliche des Kultusdienstes deutlich wird,
in dem der Handelnde nur dienendes Werkzeug, Sprachrohr ist.
Die Subjektivität der "farbigen" Individualität tritt zurück.
Folgendes sind Angaben und Gepflogenheiten
für die Schulhandlungen (mit der Opferfeier).
Grundsätzlich entsprechen sie jedoch dem neutralen, vermittelnden,
selbstlosen Charakter des allgemein-priesterlichen Handelns.
Die Kleidung der männlichen Handlungshaltenden
ist ein einfacher, **schwarzer** Anzug mit weißem Hemd,
evtl. mit schwarzer Krawatte und / oder ggf. mit schwarzem Pullover
darüber, oder nur weißen / schwarzen Rollkragenpulli.
Die Frauen wählen ein schwarzes **Kostüm** mit weißer Bluse
und dunklen Strümpfen.

Die Einlassenden, bzw. Helfer sind ebenfalls festlich,
aber dezent gekleidet.

Für die Taufe und Trauung wäre eine helle (weiße) Kleidung angebracht;
dies würde **mit den Feiernden abzusprechen** sein!

Grundsätzlich wäre es - insbesondere für Taufe, Trauung, Bestattung -
auch möglich, **GEWÄNDER** zu tragen, wenn dies von den Beteiligten
gewünscht wird: Rudolf Steiner übergab Ruhtenberg für die Taufe
und Trauung eine Zeichnung für ein Gewand!
(Siehe »Wilhelm Ruhtenberg« in »Der Lehrerkreis um Rudolf Steiner
in der ersten Waldorfschule«, Stuttgart 1977.)

(In der »Christengemeinschaft«
sind Gewänder und Farben zwingend vorgeschrieben :)
TAUFE: dunkelviolett / TRAUUNG: rot / BEERDIGUNG: schwarz.

Für die JAHRESZEITEN ist angegeben:
Advent: blau [mit dunkelblau] / Weihnachten: weiß [mit hellviolett] /
Epiphanias: rotviolett [mit dunkelrotviolett] / Passionszeit: schwarz
[mit tiefschwarz] / Ostern: rot [mit grün] / Himmelfahrt: rot [mit gold] /
Pfingsten: weiß [mit hellgelb] / Johanni: weiß [mit hellgelb] /
Michaeli: Heckenrosenfarbe [mit meergrün] .
Als grundlegende Farbe in den Zwischenzeiten: hellviolett [mit orange].
In Klammern die Farbe der Formen auf der Casula in der CG.

Neu ist im freien christlichen Kultus,
dass die - für den kirchlich Orientierten - mit Gewändern und Farben
bezweckte Erlebnis- und Verständnishilfen nun hier gerade **nicht** mehr
zwingend *sinnlich* sichtbar gemacht, sondern auf einer höheren
Erkenntnis- und Bewusstseinsebene innerlich erlebt werden können.

Wenn man aber diese Hilfen braucht oder will
(warum auch immer), könnte man sich, entsprechend der Bedürfnisse
der Feiergemeinschaft, noch an diesen Angaben orientieren
(egal mit / an welchem Kleidungsstück [z. B. einer Stola / Schal, oder einem
z. B. weißen Anzug] Sie Farben zum Ausdruck kommen lassen wollen).
Natürlich haben Farben auch kultisch eine Wirkung
und sollen zum Sakrament / zur Jahreszeit passen!

Prinzip und Konsens ist
der im einfachen, **schwarzen Anzug**
mit seiner Egoität, Subjektivität zurücktretende,
als selbstloser *Vermittler* wirkende Handelnde,
der sich nicht selbst in den Vordergrund stellt..
Letztlich müssen aber auch diese Fragen
von der jeweils handelnden Gemeinschaft
selbst entschieden werden.

Liturgische Geräte und Gewänder
gibt es - u.a. - bei der Firma Schreibmayr,
in 81371 München, Senserstr.15 → www.schreibmayr.de .

ZUR **FARBE** VON RAUM UND ALTAR

Speziell für die - traditionell gehaltenen - Schulhandlungen:
Der ganze Altar und auch der ganze Handlungsraum
sind **rot** ausgestattet,
ein kraftvoll wirkendes Rot, weder Zinnober noch Karmin.
Die Kerzenständer auf dem Altar sind **schwarz**,
die Kerzen **weiß**, der Bilderrahmen des Altarbildes
zeigt ein helles **Blau**.

Zu den Farben

weiß: Seele erlebt Geist,
schwarz: das Ich hält sich im Geist,
rot: Glanz des Lebens;

bzw. schwarz: die nach innen gekehrte Geistigkeit,
weiß: die nach außen gekehrte Geistigkeit.

Opferfeier-**KREIS**

Wenn Sie nun die Opferfeier weitertragen wollen,
aus dem Schulzusammenhang heraus
in den möglichen Rahmen initiativer, anthroposophischer Gemeinschaft
oder auch privat, oder meditativ feiern wollen,
sollten und könnten Sie eine »Fortsetzung«
zumindest schon in der *Form* suchen.

Aus der Erarbeitung der »Initiative, freie christliche
Arbeits-Gemeinschaft« ergab sich die **Kreis-Form**.

Die Kreisform wird vor allem privat, in Kleingruppen,
aber teils auch schon schulisch gehandhabt!

Es müsste für die Kreisform noch nicht einmal
das bisher Gegebene prinzipiell verändert werden:
Denken wir uns alles nur *kleiner*, konzentriert,
aus dem frontalen Geschehen in die Mitte,
bzw. in die Runde des Kreises gestellt,
der nun wie ein Brennglas die Wirkungen pfingstlich bündelt.

Es kann also - wenn gewollt - "alles beim Alten bleiben":
- der Altar = als Tisch in der Mitte/in der Runde;
- die rote Altar- und Raumfarbe = als rotes Tischtuch;
- die schwarzen Kerzenständer = als ggf. schwarzer,

siebenarmiger Kerzenständer (mit sieben weißen Kerzen darauf);
- das Christusbild = als Bild in einem Stehrahmen
vor dem Kerzenständer.

Und doch wird sich in dieser pfingstlichen Kreis-Form
eine neue, fortschrittliche Gemeinschafts-Qualität bilden
und zum Ausdruck und zur Wirkung kommen.

Andererseits gibt es auch die Praxis,
dass *alle* Äußerlichkeiten irrelevant
und nach innen genommen werden,
sodass die Gemeinschaft z. B. nur in einem Kreis steht;

oder die Feier letztlich auch alleine (z. B. ggf. mit Verstorbenen
und / oder aus der räumlichen Ferne innerlich Teilnehmenden)
meditativ vollzogen wird.

In der individuellen und konkreten Praxis
können und müssen die verschiedenen Details
dieser entsprechend bedacht, erfühlt und erprobt werden.
Jede Gemeinschaft hat ihre eigenen Möglichkeiten und Bedingungen,
wobei selbstverständlich auch Absprachen
- und damit auch eine übergeordnete kultische Gemeinsamkeit -
möglich sind.

Der Grundsatz:
Es muss authentisch und als wahr und wirksam erlebt
und 'frei' ergriffen werden.

Zur **ALTAR**-Gestaltung

Für die Maße des Altares, der Kerzen, des Bildes, etc.
liegen zentimetergenaue Hinweise mit Zeichnungen vor.
Nach dieser Vorlage werden in den meisten Waldorfschulen
der Altar immer noch her- / aufgestellt / eingerichtet.
In "freien" Handhabungen ergibt sich der Altar meist aus dem
was am Ort möglich / vorhanden, bzw. gewünscht iist.

Sieben gleichgroße **Kerzen** sind in einem stumpfen Winkel
nach vorn zur Feiergemeinschaft hin aufgestellt.
Die Ständer werden zur Mitte hin kleiner.
Über dem Altar hängt ein **Bild** des **Christus**-Kopfes
von Leonardo da Vinci (Brera Pinakothek, Mailand)
oder - für Handlungen außerhalb der Schule [lfcAG] -
der Christus-Kopf aus Rudolf Steiners »Gruppe«.
Neben dem Altar stehen - zur Kinderhandlung - zwei Stühle.
Blumenschmuck direkt auf dem Altar ist nicht vorgesehen.

Der erste Altar in der Freien Waldorfschule Stuttgart

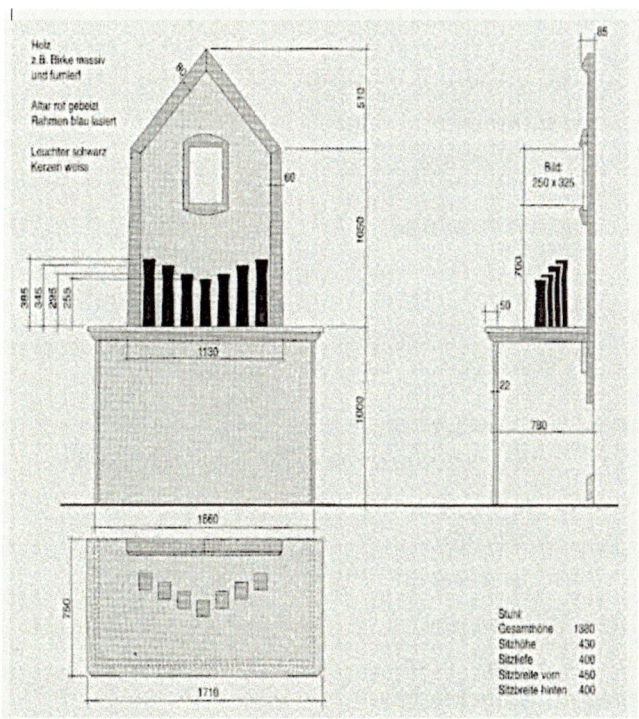

Siehe GA 269, S.226+227.

Zum **Kreuz**

Rudolf Steiner hat die Kreuzziehung
nur selten angegeben.
In der freien christlichen Praxis
wird sie als positiv wirksam erlebt und empfohlen.
Allerdings müssen Sie als Handelnder
in eigenem Abtasten und eigener Verantwortung
herausspüren, ob und was und wie und mit welchem Text
Sie für speziell diese Handlung aufgreifen.
Selbstverständlich haben *alle* Handhabungen Wirkungen!

Das Kreuz wird immer im Hinblick
auf die Dreieinheit gezogen.
(Es werden immer alle Drei genannt.)

Entweder

→ wird bei jeder Nennung ein einzelnes Kreuz
  = + / + / +

→ oder das Sonnenkreuz vollzogen

  = 1. *senkrechte Linie*   (↓),

     2. *waagrechte Linie*   (→),

     3. *Kreis;*
        Haupt und Brustraum
        umfassend   (↺).

Folgende Texte
haben sich - vor allem aus Anregungen
und Angaben Rudolf Steiners - u.a. *(IfcAG)* herausgebildet:

Im Namen   /   In die Obhut
des Vaters   und des Sohnes   und des Heiligen Geistes.

In des Vaters Weltensubstanz,
In des Christus Wortestrom,
In des Geistes Lichtesglanz.

Der Vatergott, sei in uns.
Der Christus, schaffe in uns.
Der Geistgott, erleuchte uns.

In / Aus (der Obhut) der Kraft des Vaters,
In / Aus (der Obhut) der Liebe des Christus,
In / Aus (der Obhut) dem Licht des Geistes.

Vorbereitung

Folgendes Vorbereitunggebet
ist ursprünglich für die Kinderhandlung gegeben.
Es wird aber auch oftmals vor der Opferfeier gesprochen.

Der Mittlere der drei Handelnden
spricht <u>vor</u> der Handlung am Altar
- leise, aber hörbar für die anderen - :

Durch deine Kraft, o Gottesgeist,
soll ich zu dir weisen
die mir anvertrauten Seelen.

Dein Licht
  erhelle meines Denkens Umkreis;
deine Lebenswärme
  durchkrafte meines Fühlens Mitte;
deine Seelenkraft
  durchgeiste meines Wollens
    Strahlenleib.
Sei in dem Dienst,
  den ich dir leisten will.

Original Rudolf Steiner,
für die Sonntagshandlung der Kinder,
den freien christlichen Religionslehrern der FWS Stuttgart gegeben.
Siehe Text u.a. auch: GA 343 (1993), 4.10.1921, vormittags, S. 319
und GA 269 (1997), S. 28 / S. 41.

Arbeitsmaterial zur Kultus-Frage

»Direkte« und »indirekte« Kommunion

Leib und Blut - Brot und Wein - ER in Allem

Es wäre unrichtig zu meinen,
in der Opferfeier gäbe es keine Substanzen.
Sie sind da (direkt) in Gestalt
des Leibes und des Blutes des Menschen ...

Maria Lehrs-Röschl, GA 269, S. 126

»Und so wird für alle diejenigen,
welche das äußere Symbolum brauchen,
um einen geistigen Actus zu vollziehen,
nämlich die Vereinigung mit dem Christus,
das Abendmahl der Weg sein,
der Weg bis dahin, wo ihre innere Kraft so stark ist,
wo sie so erfüllt sind von dem Christus,
dass sie ohne die äußere physische Vermittlung
sich mit dem Christus vereinigen können.
Die Vorschule
für die mystische Vereinigung mit dem Christus
ist das Abendmahl - die Vorschule.
So müssen wir diese Dinge verstehen.
Und ebenso wie alles sich entwickelt
vom Physischen zum Geistigen hinauf
unter dem christlichen Einfluss,
so müssen sich zuerst unter dem christlichen Einfluss
heranentwickeln die Dinge,
die zuerst da waren als eine Brücke:
Vom Physischen zum Geistigen
muss sich das Abendmahl entwickeln,
um hinzuführen
zur wirklichen Vereinigung mit dem Christus.«

Rudolf Steiner, 7.7.1909, GA 112 & GA 269

»Dadurch werden Gedanken - als meditative Gedanken -
im Menschen leben können,
die eben dasselbe sein werden,
nur von innen heraus,
wie es das Zeichen des Abendmahles - das geweihte Brot -
von außen gewesen ist ...

Aber dann werden sich auch alle Zeremonien ändern,
und was früher durch die Attribute
von Brot und Wein geschehen ist,
das wird in Zukunft
durch ein geistiges Abendmahl geschehen.«

Rudolf Steiner, 13.10.1911, GA 131

Friedrich Rittelmeyer: »Ist es nicht auch möglich,
Leib und Blut Christi zu empfangen
ohne Brot und Wein, nur in der Meditation?«
Rudolf Steiner: »Das ist möglich:
Vom Rücken der Zunge an ist es dasselbe.«

GA 265, S. 27

»Die Form für diese weihevollen,
das Innere durchdringenden und durchgeistigenden
Gedanken
ist in der Opferfeier gegeben.«

Maria Lehrs-Röschl, GA 269, S. 129

»Die verschiedenen Angaben Steiners
zusammengeschaut, machen klar,
wo die Opferfeier
auf der Linie historischer Entwicklung einzureihen ist:
nicht vor, sondern *nach* der Messe mit Brot und Wein.«

Maria Lehrs-Röschl, GA 269, S. 128

Eine kultische Arbeit
in der anthroposophischen Bewegung
muss aus dem selben geistigen Strom
hervorgehen
wie die Schulhandlungen,
gewissermaßen eine Fortsetzung dessen,
was in Form und Inhalt
in der Opferfeier gegeben war.

Rudolf Steiner zu René Maikowski (GA 269, S. 133)

Die »Opferfeier« ist das weiterentwickelte
und kultushistorisch fortgeschrittene
Zentralsakrament ("Messe").
Sie schreitet nicht nur
vom amtspriesterlichen Zwei-Stände-Prinzip
zum gleichberechtigten, allgemein("laien")-priesterlichen Wirken
weiter,
sondern auch
von der »indirekten« zur »direkten«
Wandlung / Kommunion.

(In der traditionellen, »*indirekten*« Wandlung werden
- 1. die »Substanzen« Brot und Wein gewandelt,
- dann nimmt 2. der Kommunikant diese zu sich und dadurch wird
- »indirekt« - sein Leib und Blut gewandelt.

In der »*direkten*« Wandlung wird im Kommunionsakt
direkt - ohne den "Umweg" über Brot und Wein -
Leib und Blut des Menschen gewandelt
[in der Opferfeier ist dies der Berührungsmoment
mit dem Ausspruch »Christi Geist lebe in dir!«]).

Aber, was wird denn "gewandelt",
wenn der Christus doch bereits und jederzeit
und überall - in aller Erden-Substanz
(seit Golgotha »Sein Leib«!)
(also auch in *meinem* Leib und Blut) -
immer und "real anwesend" ist?
Unser Leib ist nun auch Sein Leib !

Muss denn Sein Leib - beispielhaft in Brot und Wein -
"extra" / noch einmal gewandelt werden
(sogenannte »Realpräsenz«),
wenn ER doch bereits darinnen ist? ...

Denn ER ist immerfort - 'realpräsent' - überall da!
Wer - ggf. (oder oft genug) - nicht da ist, sind *wir* !!

Und weil wir mit unserem Bewusstsein, unserer Seele
so oft schlafen (und das war in der Vergangenheit,
vor der Geburt der »Bewusstseinsseele«, auch menschheitlich, allgemein
unser Zustand), wurde uns eben auf der physischen Ebene,
auf der wir 'sehen',
Brot und Wein "vor die Augen" gehalten
und gesagt: Schaut, da ist ER!

Das Abendmahl - mit Brot und Wein -
war die »Vorschule«!, "nur" Ausgangspunkt,
eine Zwischenstation,

nämlich hin letztlich zur »Geistigen Kommunion«,
zur Wandlung unseres mit Seiner Liebe
durchdrungenen Denkens + Fühlens + Wollens!

Wenn diese Verwandlung uns zur Liebe-Tat entflammt ..
»daran werdet ihr sie erkennen«!

... egal mit welcher Kommunionsform ...
Denn weil ein jeder in seiner Seelen-, Geist- und JCh-Entwicklung
an individuell unterschiedlichen Orten steht,
brauchen wir auch entsprechend verschiedene Formen:
»Jedem Seinen Weg!«

Auch wenn die Opferfeier mein / unser Weg ist,
auch wenn sie ein »fortgeschrittener«
und »spezifisch anthroposophischer« Kultus-Weg ist,
ist auch sie "nur" Zwischenstation.

Der Weg geht hin
»zu einer spirituellen Auffassung
der Gottgemeinschaft:
die Umwandlung des Brotes
in die Seelensubstanz des Erkennens.«

Rudolf Steiner, GA 198/16

»Das Gewahrwerden der Idee in der Wirklichkeit
ist die wahre Kommunion des Menschen.«

Rudolf Steiner, GA 1b

»So ist spirituelle Erkenntnis
eine wirkliche Kommunion,
der Beginn
eines der Menschheit der Gegenwart gemäßen
kosmischen Kultus.«

Rudolf Steiner, GA 219

Indem wir IHN ergreifen,
wirkt Er in und durch uns,
wirkt die LIEBE durch uns ...
die nun im DU real werden will:

Und dann wird die Liebe
in der »sozialen Tätigkeit
eine Opferweihehandlung,
sie setzt das fort,
was die alte Kultushandlung war.«

Rudolf Steiner, 18.11.22, GA 218

Siehe, Jch bin alle Zeit mit Euch! ...

Siehe auch zu den Fragen
»direkte / indirekte« Wandlung / Kommunion / Transsubstantiation /
Realpräsenz:
Kap. »Gründonnerstag - Abendmahl mit Brot und Wein für die Opferfeier?«,
S. 107 !

Arbeitsmaterial zur Kultus-Frage

TEXTE FÜR DIE OPFERFEIER

Gründonnerstag

Überlegungen
für einen Einschub zur Kommunion
Brot und Wein für die Opferfeier ?

Immer wieder wird zur Passionszeit die Frage gestellt,
ob die Einsetzung des »Abendmahls« am Gründonnerstagabend
nicht auch in der Opferfeier besonders bewusst gemacht
und berücksichtigt werden könnte,
durch eine entsprechende, liturgische Einschiebung,

um der Einsetzung des
Liebe-Gemeinschaft-Mahles zu gedenken
und dieses auch proklamativ, kultisch zu vollziehen.

Das birgt Missverständnisse in sich:
Denn die Kommunion in der "fortgeschrittenen" Opferfeier
findet ja ohne Brot und Wein »direkt« statt ...
warum nun mit doch »indirekten« "Substanzen" ?
Soll das etwa ein "neuer Weg" sein,
vielleicht doch die Synthese von "alt und neu ?

Nein, die Zukunft ist - und bleibt -
die »direkte« Kommunion (s. S. 101 !)
und in der Opferfeier konstitutiv instituiert !

Wenn wir
Brot und Wein in der Opferfeier hinzunehmen,
dann also nicht um damit die Transsubstantiation
unseres Leibes und Blutes zu erreichen,
sondern als ein sozialer Bewusstmachungs-
und Handlungsakt,
in dem speziell an den
Liebe- und Gemeinschaftsauftrag
des Mahles
angeknüpft und dieser proklamiert wird;

des eigentlichen Zukunfts-Sinnes
des Stiftungsaktes am Gründonnerstag:
Seines »Neuen Bundes«

der alles durchdringenden, verwandelnden
und geschwisterlich praktizierten LIEBE.

Seit Golgotha durchdringt, verlebendigt, transsubstantiiert
ER real ALLE ERdensubstanz
(und somit natürlich [u.a.!] *auch* weiterhin Brot und Wein!)
als nun Seinen Leib,
und damit auch unseren Leib, unser Blut.

Wozu also eine extra "Wandlung" von Brot und Wein,
um IHN *dort* hineinzubringen,
wo ER sowieso bereits darinnen ist?
Denn ER ist immerfort - 'realpräsent' - überall da!

Wer - ggf. (oder oft genug) - nicht da ist,
sind *wir* !!

Und weil wir mit unserem Bewusstsein, unserer Seele
so oft schlafen (und das war in der Vergangenheit,
vor der Geburt der »Bewusstseinsseele«, auch menschheitlich,
allgemein unser Zustand), wurde uns eben auf der uns zugänglichen
physischen Ebene, auf der wir 'sehen', Brot und Wein "
vor die Augen" gehalten und gesagt:
Schaut, da ist ER doch !

Heute aber können nun immer mehr Geistesschüler
- nicht nur, aber besonders durch die Anthroposophie -
tiefer schauen und brauchen für ihr ERkennen
die äußeren Anwesenheits-Symbole *nicht* mehr...

ER ist ja nicht nur in der Natur ...
Denn die eigentliche und zentrale Botschaft
des Gründonnerstag geht weiter:
Schaut »JCh bin *alle* Zeit bei euch!«
(.. und nicht nur während des "Abendmahles")
und » JCh gebe euch ein neues Gebot:

Liebet einander,
wie JCh euch geliebt habe! «

Diesen *Liebe-Opfer-Auftrag* ergreifen wir
in einem Christen-Geschwister- "Abendmahl";
diesen Liebe-Auftrag können die Substanzen
Brot und Wein symbolisieren und bewusstmachen,
die wir uns geschwisterlich - nicht als "Amts"-Person - reichen.

So ist Seine »Realpräsenz« nicht mehr
nur in Brot und Wein IN der »Kommunion«,
sondern in unserem konkreten ERgreifen
Seines Liebe-Auftrages ...
Das ist die relevante, wirksame und
zeit-not-wendige "Kommunion" und Aufgabe heute.
Die LIEBE ist der Verwandlungsträger,
"Brot und Wein" allein wandeln gar nichts ..

».. die soziale Tätigkeit
wird eine Opferweihehandlung,
sie setzt das fort, was die alte Kultushandlung war.«
Rudolf Steiner, 18.11.22, GA 218

Wenn wir nun
Seiner Hingabe und Seinem Liebe-Auftrag
am Gründonnerstag
mit einer Gemeinschafts-Liebe-Feier
- MIT den (historisch begründeten) Symbolen
Brot und Wein -
besonders gedenken und bewusst machen wollen,
können wir das "überall und immer" ..
und ebenso kultisch fokussieren...

dann könnte sogar jeder Tag
ein Gründonnerstag werden...

VDL

*Siehe »Direkte und indirekte Kommunion
in der Opferfeier«, S. 101 !*

Gründonnerstags-Einschub
für die Opferfeier

Zur Praxis:

Die Opferfeier wird gehalten wie gehabt,
nur mit kleinen Änderungen
im Wandlungs- und Kommunionsteil !

Zur Form, z.B. : Man sitzt / steht im Halbkreis / Kreis / Oval
mit etwas Abstand um einen Tisch.
Rote Tischdecke (für den Sieg über den Leibes-Tod an Ostern).
Auf dem Tisch: große weiße Kerze für IHN,
um diese ggf. zwölf kleine (rote) Kerzen für die Jünger.

Auf der Seite der Handlungshaltenden:
Krug & Kelch (Traubensaft),
geschnittenes Brot/Hostien auf einer Schale;
beides mit Tüchern zugedeckt,
bzw. die Schale auf dem Kelch.

Bitte vergleichen Sie die geringfügigen Unterschiede
mit dem originalen Text Steiners.

Die Ergänzungen im Text :

(Änderungen / Ergänzungen
folgend in
GROSSBUCHSTABEN)

EVANGELIUM

TEXT DES EVANGELIUMS ÜBER DAS ABENDMAHL

OPFERUNG

wie gehabt !

WANDLUNG

Text bleibt gleich,
nur ein Einschub einer Handlung nach:

Christus, du Walter für uns. :

DER IN DER MITTE HANDELNDE TRITT
(BZW. STEHT DORT BEREITS)
VOR DEN KELCH UND DIE BROTPATENE,
NIMMT GGF. DIE TÜCHER DAVON WEG

UND ZIEHT DREIMAL
EIN GRÖSSERES (SONNEN-)KREUZ
ÜBER DIESE.

Und spricht dann weiter wie gehabt :

Er hat sich geeint,
bevor er hinging
zum Menschentode,
mit den Seinen. . . .

Text wie üblich bis :

Christus walte
Heil tragend
in unserer Seele,
Kraft spendend
in unserem Geiste.

ER GEHT GGF. WIEDER IN DEN KREIS ZURÜCK.

KOMMUNION

Dann weiter wie üblich bis zum KOMMUNIONsakt :

Christus, wir empfangen dich:
zur Gesundung unsres Leibes,
zur Gesundung unsrer Seele,
zur Gesundung unsres Geistes. [4]

Der links Handelnde spricht, zum Opfertisch hin:

Ja, so sei es.

Dann:

ALLE DREI HANDLUNGSHALTENDE
TRETEN AN DEN ALTAR / TISCH
(bzw. stehen dort bereits).

DER IN DER MITTE HANDELNDE
NIMMT DIE PATENE MIT DEM BROT,
HEBT SIE HOCH UND SPRICHT:

ER SPRACH:

NEHMET HIN;

DIES IST MEIN LEIB,

DER FÜR EUCH GEGEBEN WIRD;

TUT DIES ZU MEINEM GEDÄCHTNIS! [1]

DANN NIMMT ER DEN KELCH,
HEBT IHN HOCH UND SPRICHT:

ER SPRACH:

NEHMET HIN;

DIES IST MEIN BLUT,

DAS FÜR EUCH VERGOSSEN WIRD;

DER NEUE BUND! [1)]

Der Kelch wird wieder abgesetzt.

UND ER SPRACH:

EINEN NEUEN AUFTRAG

GEBE ICH EUCH:

LIEBET EINANDER,

SO WIE JCH EUCH LIEBE;

SO BIN JCH IN EUCH, IHR IN MIR! [2]

Zur Kommunion
stehen die dazu bereiten Teilnehmer auf.

DER RECHTS HANDELNDE
NIMMT DAS BROT
UND REICHT ES DEM KOMMUNIKANTEN
UND SPRICHT:

DER LEIB CHRISTI! [3]

IHM FOLGT SOGLEICH DER LINKS HANDELNDE
UND REICHT DEM KOMMUNIKANTEN DEN KELCH
UND SPRICHT:

DAS BLUT CHRISTI ! [3]

Dann folgt der IN DER MITTE Handelnde
und berührt dem Kommunikanten
- wie üblich - mit folgenden Worten
die Stirn
mit Zeige- und Mittelfinger:

Christi Geist lebe in dir.

- weiter wie üblich -

Wenn Sie die Opferfeier in der KREISFORM
vollziehen wollen,
könnten Brot, Kelch und Segen im Kreis wandern,
d.h. ein jeder empfängt die Gaben und Worte
vom Nachbarn, z.B. von rechts und gibt sie weiter
an den Nachbarn links.

Es würde unvergorener Wein = (roter) Traubensaft genommen.
Die Reste von Brot und Wein werden nach der Handlung
von den Handelnden verspeist.

Dieser Einschub
sollte aber nur mit einem vorbereiteten Kreis
vorgenommen werden,
weil die Integration der - normaler Weise -
»indirekten« Sakramentalien Brot und Wein
in die »direkte« Opferfeier,
sofort Missverständnisse aufrufen kann.

IfcAG

1) (u.a. Luk. 22,19-20)
Neben dem Wachrufen Seiner Wandlungstat
dient der erste Einschub vor allem der Erinnerung
an die Tatsache Seiner allgegenwärtigen Hingabe
und Seines Auftrages, dem zu gedenken
und Seines Bundes mit uns.

2) (u.a. Joh. 13,34 u. 15,9ff)
»Ihr aber seid der Leib Christi
und jeder einzelne ist ein Glied an ihm.« *(1.Kor.12,27)*
»Wer in der Liebe ist, der ist in Gott und Gott in ihm!«
Der zweite Einschub, der Liebe-Auftrag,
ist die Folge dessen und zeichnet den Weg IHN zu finden :
als eine liebende Christen-Gemeinschaft, als der » Corpus Mysticum«.

3) Der dritte Einschub weist auf die Realpräsenz Christi
(überall und somit eben *auch*) in Brot und Wein hin.

4) Ggf. könnte dieser Absatz
auch nach Brot und Wein stehen.

WIE Sie dieses Geschehen
ins Sichtbare, Hörbare bringen, textlich ERfassen,
müssen letztlich Sie,
muss die handelnde Gemeinschaft erlauschen,
um das real Not-wendige abzutasten.

TEXT: IfcAG - Stand: Drei König 2018
ENTWURF zur weiteren,
eigenen Er- und Bearbeitung !

Arbeitsmaterial zur Kultus-Frage

Aus der Freiheit des Christenmenschen

Zur "Berechtigung" sakramentalen Handelns heute ?

Die Opferfeier ist ein Sakrament, das durch "Laien"
berechtigt und wirksam, »allgemein-priesterlich« ausgeführt wird.
Das führt zu Kontroversen mit "geweihten", kirchlichen »Priestern«.

Heute stehen wir innerhalb der -"alten"-
(insbesondere) katholischen Kirche
und aber auch der -"neuen"- »Christengemeinschaft«
in einem hierarchischen »Zwei-Stände-System«.
Das war im Urchristentum nicht so.
Jesus hatte keine "Priester" ernannt
und auch keine "Kirche" gegründet ...
Anfangs waren Seine Nachfolger ergriffen
vom Heiligen Geist ..
Doch schon bald nach Christi Tod
brach die alte Seelenstimmung wieder durch.
Die Menschheit war
in ihrer Seelen- und ICH-Entwicklung
noch gar nicht so weit, dass sie "in Freiheit",
selbstbewusst eine individuelle Beziehung
zur Geistigen Welt hätte herstellen können,
das waren nur Wenige.
So entstand, entgegen
den geschwisterlichen Impulsen des Christus
- dem verlockenden Vorbild des Cäsaren-Macht-Staates
entsprechend - eine Staats-/Amts-Kirche,
mit einem Amts-Priestertum, das die Christenheit in »Klerikern«
(Geweihte) und »Laien« (Nicht-Geweihte) trennte.
Eine Hierarchie einer "allein selig machenden Kirche"
ersetzte das zuvor persönlich-intime ERleben des Christus.
Mit der institutionalisierten Allmacht der Kirche
kam im 5.-6. Jhdt. auch die reguläre Mitglieder-Zwangsrekrutierung
durch die Taufe von - unmündigen - Kindern auf
(eine individuelle Entscheidung war nicht mehr gewollt).

Im noch NachERleben des Christus war im Urchristentum
- in der Regel - für die Taufe noch der mündige Bekenntnis-

und - esoterisch geschaut - 'Einweihungsakt' relevant,
und wurde deshalb an Erwachsene vollzogen.

Die wirkliche und freie, individuelle Entscheidung
als ein ICH-gegründeter Weg
war aber erst mit der Geburt der Bewusstseinsseele
im 15. Jahrhundert im Kommen.

Martin Luther zündete
mit der »Freiheit des Christenmenschen«
das *heute* wiederum voll aufgreifbare,
urchristliche, »allgemeine Priestertum«
wieder neu an ..
auch wenn die konfessionelle und kirchenrechtliche Vereinnahmung
durch die Kinder-Taufe weiterhin üblich blieb.

Schon vor Begründung der »Christengemeinschaft«
kamen immer mehr Fragen an Rudolf Steiner heran,
nach einen der Bewusstseinsseele gemäßen,
"freien" und somit überkonfessionellen
und vor allem »spezifisch anthroposophischen« Kultus.

Aus *diesen* Fragen entstand ein »direkter«,
»freier christlicher« Kultus-Impuls,
als ein »laien-priesterlicher«, überkonfessioneller Weg:
- einmal im Raum der Freien Waldorfschulen
- und andererseits individuell gegeben.

Unübersehbar .. ergibt sich als notwendig,
dass das christliche Freiheitselement
auch dem Wesen des Kultus,
dem Sakramentalismus
einverleibt werden muss.
Hella Wiesberger, GA 265, S. 19

Doch auch hier wurde die »Taufe«
als ein »Empfangs-Kultus« konzipiert,
eine Erwachsenen-Taufe als eine »Weihe«,
als ein Berechtigungsinstrument für ein sakramentales Handeln fehlt ..
bewusst! :

Denn Taufe und Weihe
waren *neu*, zeitgemäß zu ergreifen ..
und möglich wurde dies (scheinbar erst? ... real)
mit der Jahrtausendwende ..

Die "wirkliche Taufe" die Erwachsenen-Taufe -
war innerhalb der Siebenheit der Sakramente

dort schon immer als Keim
für eine heranreifende Zukunft vorhanden :
in dem Sakrament, das über Aberjahrhunderte
als Machtinstrument missbraucht wurde:
die »Weihe«,
oder wie Rudolf Steiner diese auch nannte:
das »Sakrament der Verbindung« :
ER verbindet sich mit dem dazu bereiten JCh.

Weil jeder Christ *prinzipiell* "berechtigt"
und aufgerufen ist ggf. auch kultisch / sakramental
= priesterlich tätig zu sein
(»allgemeines Priestertum« = »"Laien"-Priestertum«
[theologiegeschichtlich korrekt: »Priestertum aller Getauften«]),
inkludiert die Erwachsenen-Taufe
ein *vollständiges* christliches Handeln,
das in der Vergangenheit
exklusiv mit der »Priester-Weihe«
vermittelt und legitimiert wurde;
denn die kultushistorische - und gottgewollte - Entwicklung
transformierte
die zum Kinder-Empfangskultus degenerierte Taufe
wieder hin zur mündigen,
"wirklichen" Erwachsenen-Taufe.

Werden wir diese Chance wieder verschlafen ?

Wenn Sie diesen Schritt
eines christlich geschwisterlichen
und damit *auch* sakramentalen Handelns
selbstbestimmt gehen wollen :
entscheiden SIE mit IHM!
wie und was SIE zu tun haben!
Es ist Ihr DURCHBRUCH ZUR LIEBE,
der Sie "berechtigt"
Ihn - Seine Liebe - in die Welt zu tragen ..
IHR Ja zu Seinem Ruf...!

Und wenn Sie diesen Eintritt
in ein ggf. auch sakramentales Handeln
auch coram publico aufgreifen
und rituell bekräftigen, sichtbar, verbindlich
in die Welt stellen möchten,
dann ist ein neu ergriffenes
Priester-(Tauf-)Weihe-Ritual ggf. ein Instrument dazu,

um das zuvorige relevante,
innig innerliche Geschehen
nun *auch* öffentlich zu machen.
Da muss - prinzipiell - jede Gemeinschaft
ihre Autonomie haben ..
im gemeinsamen Hinlauschen und innigen ERformen.

Im Umgang mit den Texten Rudolf Steiners
entsteht diesbezüglich *die Frage,*
ob der von ihm gefasste Weihe-Text
so allgemein, *universell* und zukünftig ist
(in dem Sinne Steiners, dass er als »Ausdruck *verschiedener*
Lebenszusammenhänge verwendet werden kann« [Röschl-Lehrs]),
dass er - mit entsprechender Berücksichtigung
einer allgemein-priesterlichen Perspektive -
auch Ausgangspunkt und wirksam
für eine »freie christliche« ERwachsenen-Taufe,
und damit gleichzeitig *Weihe,* sein könnte ?

Und hier zeigt sich,
dass solch eine Tauf-Weihe als Ritual auch
den Eintritt in einen aktiven, sakramentalen Dienst
(wie z. B. in die »Initiative, freie christliche Arbeits-Gemeinschaft«,
als aktive und verbindliche Kultus-Trage-Gemeinschaft)
markieren, zelebrieren, dokumentieren, bekräftigen könnte.

Neue Wege sind gefragt! ..
Aber dennoch und immer :
SIE müssen die Wege wollen und gehen,
die *betroffene* Gemeinschaft
muss selbst entscheiden.

Und das können auch ganz andere Wege
und Entscheidungen sein, als die hier Erwähnten !!
... denn: ER ist der Lebendige !

> Was aus der Tauf krochen ist,
> das mag sich ruhmen,
> dass es schon
> Priester, Bischof und Bapst
> geweihet sei,
> obwohl es nicht jedem ziemt,
> dies Amt auch auszuüben.
>
> Martin Luther

In der gegenwärtig konkreten Praxis:

Rudolf Steiner erwartete und installierte keine spezielle
Berechtigungs-Zeremonie oder bestimmte Vorbedingungen,
um im »freien christlichen« Impuls
- konkret in den Schulhandlungen / in der Opferfeier -
sakramental tätig zu werden.
Er wählte die Handelnden nach eigener Einsicht aus.
Aber er wußte auch, dass nach seinem Weggang
diese Auswahl den Religionslehrer-Kollegien überlassen wäre,
ohne seine Einsichten ...
Und er traute es uns zu das zu tun.
Meist ist der gute Wille als strebender Anthroposoph maßgebend.
Die Zertifizierung für den Dienst in den Waldorfschulen und Heimen
durch "Dornach" ist nur eine Formsache (wie sollte man auch aus der
Ferne die Persönlichkeit beurteilen können... man muss es dem
Kollegium überlassen einer bestimmten Persönlichkeit für diesen
Dienst das Vertrauen auszusprechen!) .
Ein zertifizierendes "Kontrollorgan" (wie die obere Hierarchie in einer
Kirche - auch der »Christengemeinschaft«) wäre für einen "freien"
Impuls, der im Freiheitsimpuls der »Philosophie der Freiheit« wurzelt,
unvereinbar.
Was bleibt ist die »moralische Intuition« eines »Ethischen Individualis-
mus«, die der Einzelne ganz individuell selbst aufgreifen und
verantworten muss.
Das erwartete Rudolf Steiner.
Und das "berechtigt" zum christlich-geschwisterlichen, sakramentalen
Handeln .. gerade heute.

Wenn ER ruft ....
dürfte ich mich verweigern ?

VDL

.. wie überall eben
aus dem Lebendigen heraus
das Kultusartige gesucht werden muss.

Das gut werde,
was wir aus Herzen gründen,
was wir aus Häutern zielvoll führen wollen...

Rudolf Steiner

Der Auftrag Christi
sakramental zu handeln

Und Jesus trat zu ihnen,
redete mit ihnen
und sprach:
Mir ist gegeben
alle Gewalt im Himmel
und auf Erden.
Darum gehet hin
und machet zu Jüngern
alle Völker:

taufet sie
im Namen
des Vaters
und des Sohnes
und des Heiligen Geistes

und lehret sie
halten alles,
was ich euch befohlen habe.

Und siehe,
ich bin bei euch
alle Tage
bis an der Welt Ende.

Matt. 28/18-20, übers. Luther

Was in der Entwicklung der Christenheit
als Sehnsucht und Streben
nach Laien-Priestertum
immer wieder erstand
- allerdings auch immer wieder verfolgt
und schließlich zum Verschwinden
gebracht wurde -,
das hat hier durch Rudolf Steiner
eine neue Keimlegung erfahren,
die je nach der Schicksalsführung
des Einzelnen
ihre Früchte zeitigen kann.

Maria Lehrs-Röschl, GA 269, S. 131

Das 'SAKRAMENT'
der allgemein-priesterlichen
WEIHE

Begegne ich ihm *(dem DU -VDL)* so,
dass ich bereit bin,
mein Bewusstsein
(zeitweilig) für ihn zu opfern,
dass seine Entfaltung
mir also wichtiger ist
als die meine,
vollziehe ich
- indem ich für ihn ersterbe -
in gewissem Sinne
eine **Nachfolge Christi.**
Dann nah ich ihm
in seinem Namen.

**Dann werde ich
im gleichen Augenblick
von Christus selber
zum Priester geweiht:
Seine Gegenwart ist Weihe
- in diesem Augenblick
und für diesen Augenblick.**

Im Gegensatz zum Amtspriester,
der für sein ganzes Leben geweiht wird ..
gilt die Weihe des sozialen Priesters
nur für jene Zeitspanne,
in der er »agapisch«
einem Mitmenschen begegnet.
Jede neue Begegnung
wird ihn wieder vor die Probe stellen:
Wie bist du mit Ihm zusammen?
Es ist ein inneres, ein mystisches Erlebnis
dieses Menschen. ..
Und nur das,
was sich bei der Begegnung
mit dem andern ereignet,
gibt Antwort auf die Frage,
ob hier ein "Priester" zelebriert hat. ..

Die soziale Priesterweihe
ist **ein Sakrament,**
das, im übertragenem Sinne,
der Christus unter vier Augen vollzieht.

Die Frage der Befähigung ..
und Berechtigung .. kann keine sein,
die andere **Menschen** beantworten.

Dieter Brüll
»Bausteine für einen sozialen Sakramentalismus«

Das ist die freie christliche Weihe :

MEIN JA zu Seinem RUF:
IHM = der Liebe praktisch dienen zu wollen,
der sich in einem jeweils ganz individuellen
Berufungs- und Weihe-Geschehen,
in ganz eigenen Schicksals-Wegen offenbart;
des zum *tätigen* Christsein entschlossenen,
zum Tat-Christentum unter Seinem Auftrag
(und nicht einer Institution) Berufenen
und allgemein-christlich = überkonfessionell
dem Nächsten Beistehenden.
Es ist ER, der Liebe-Gott,
der den Heiligen Geist ausgießt
und uns auffordert, befähigt und befeuert
- und der uns "berechtigt".

Und deshalb gibt es
im »freien christlichen« Kultus-Impuls heute
keine institutionalisierte
Priester-"Weihe"-Liturgie,
oder eine Hierarchie,
die sakramentales Handeln
berechtigt und zertifiziert.

Priester-Sein = JCh-Mensch sein

Priestertum - Sukzession - Berechtigung

» Es handelt sich hier um Zusammenhänge,
die eine Frage nach der Wirksamkeit
ganz neuer Ätherkräfte nahe legen.
Man wird in diesem Zusammenhang daran denken,
wie das Blut des Christus, das am Karfreitag
vom Kreuz in die Erde floss,
sich vollständig 'ätherisierte'
und der Christus-Impuls 'als eine Substanz' [14],
als *Christus-Äther*, zu den vier 'alten' Ätherarten [15] hinzutritt.
Als 'moralische Äther-Atmosphäre' [16] ist er mit der Moralität
der Menschen verbunden und als neuer *Leben*skeim der Erde
und der Leiblichkeit der Menschen eingestiftet. [17] ...
Von *diesem* lebendigen Band umfasst zu werden,
ist die recht verstandene Sukzession.
Das kann man erst durch die Anthroposophie
so verstehen und gewinnt dadurch
einen *neuen* (modernen) Sukzessionsbegriff,
für den manches früher entscheidend Wichtige
unwesentlich wird.
Um den Anschluss an die *geistige* Ahnenreihe
zu den Aposteln hin herzustellen,
kann das Anknüpfen an das äußerlich historische Band
der Handauflegung <u>nicht</u> wesentlich und ausschlaggebend sein.«
Michael Debus [18]

» Der theologische Begriff des
Priestertums aller Getauften
hebt die Differenz zwischen Klerus und Laien,
geistlichem und weltlichem Stand auf.
Insofern gelten hier alle Getauften als gleichrangige Glieder...
Es steht jedenfalls fest,
dass bei den älteren Kirchen-Vätern irgendwelche Spuren
von einem 'character indelebilis'
oder einem 'Sakrament der Priesterweihe'
nicht nachzuweisen sind,   ➤

---

14 *Siehe Rudolf Steiner, 10.2.1914, GA 148.*
15 *Vgl. Ernst Marti, »Die vier Äther«, Verlag Freies Geistesleben.*
16 *Siehe Rudolf Steiner, 1.10.1911, GA 130.*
17 *Vgl. Rudolf Steiner, 6.7.1909, GA 112.*
18 *Michael Debus, »Anthroposophie und die Erneuerung der christlichen Kirche«.*

und wo man Derartiges zu finden meint,
handelt es sich um Missverständnisse. [19] ...

Der Nachweis, wie ein Sakrament,
von dem in den ersten vierhundert Jahren
in der Kirche nichts wahrzunehmen ist,
von Christus eingesetzt, ja ein 'Grundamt der Kirche' sein kann,
muss den Dogmatikern anheim gegeben werden.
Für den Exegeten ist die Sache längst klar.«

Hans von Campenhausen,
»Die Anfänge des Priesterbegriffs in der alten Kirche«

Selbst » Nach reformatorischer Auffassung stellt
die Taufe nicht nur die erste Stufe der Kirchengemeinschaft dar,
sondern gewährt die volle Teilhabe
am Leib Christi und bildet so einen unüberbietbaren,
nicht steigerungsfähigen Gnadenstand.
In der Gemeinde der Getauften
kann es kein Glied mehr geben, das den anderen gegenüber
vor Gott eine besondere Stellung einnähme.
Eine Priesterkaste mit religiösen Vorrechten
hat in ihr keinen Raum.«

Niedermeyer, 116

» Alle Christen sein wahrhaftig geistlichs Stands,
und ist unter ihnen kein Unterschied,
denn des Amts halben allein. ...
Was aus der Tauf krochen ist, das mag sich rühmen,
das es schon Priester, Bischof und Papst geweihet sei,
obwohl es nicht jedem ziemt, dies Amt auch auszüüben.«

Martin Luther

» Das heißt, dass zunehmend nach der Zukunft hin
nicht mehr der eine (Priester -VDL) für die anderen alle
das Opfer zu vollbringen haben wird,
sondern, dass der eine mit dem anderen gemeinschaftlich
das Gleichwerden der Menschen gegenüber dem Christus,
der als Sonnenwesen auf die Erde heruntergestiegen ist,
erleben soll.«

Hella Wiesberger, GA 265, S.19

---

19 Die avantgardistisch, freiheitliche Gesinnung und zukunftsorientierte und oftmals
anarchische Praxis frei christlich Gesinnter und Wirkender fragt sowieso nicht nach
einer "Erlaubnis" oder dem Monopolanspruch irgendeiner Kirche oder Gesellschaft...
sondern - wird gerufen und - handelt !

» ... dass diese Kommunion, die der Priester hat,
auch entwickelt wird von demjenigen,
welcher der anthroposophischen Bewegung angehört. «
Rudolf Steiner, GA 345, S. 36

(Es fand) die Weihnachtstagung
zur Begründung der Allgemeinen Anthroposophischen
Gesellschaft statt.
Man kann verschiedene geistige Ereignisse
in ihr finden.
Vom kultischen Gesichtspunkt aus
ist sie eine Art 'Weihe'
der Anthroposophischen Gesellschaft
durch die anthroposophische Bewegung,
der Michaelsgemeinschaft auf Erden
durch die Michaelsbewegung
aus der geistigen Welt,
die Grundsteinlegung
aus der göttlichen Trinität
zu einer neuen Würde
der anthroposophisch strebenden Individualität.
In ihr ist Hirtentum und Königtum
miteinander verbunden.
Es ist die 'Priesterweihe'
des anthroposophisch strebenden Menschen.
Friedrich Benesch

Denn.. die Priesterweihe
besteht eben darin,
dass der Mensch (durch die Anthroposophie)
so vorbereitet wird zum geistigen Anschauen,
dass er überall im sinnlichen Prozess
auch den geistigen Prozess sieht.

Rudolf Steiner, GA 343, S. 295, 3.10.1921, nachmittags

FORUM FREIER CHRISTEN

Alle freie Religiosität,
die sich in der Zukunft
innerhalb der Menschheit
entwickeln wird,
wird darauf beruhen,
dass in jedem Menschen
das Ebenbild der Gottheit
wirklich in unmittelbarer Lebenspraxis,
nicht bloß in der Theorie,
anerkannt werde.
Dann wird es keinen Religionszwang
geben können,
dann wird es keinen Religionszwang
zu geben brauchen,
denn dann wird die Begegnung
jedes Menschen mit jedem Menschen
von vornherein
eine religiöse Handlung,
ein Sakrament sein,

Initiatve für ein freies,
anthroposophisch + sakramental vertieftes,
Christ-Sein heute

und niemand
wird eine besondere Kirche,
die äußere Einrichtungen
auf dem physischen Plan hat,
nötig haben,
das religiöse Leben aufrechtzuerhalten.
Die Kirche kann,
wenn sie sich richtig versteht,
nur die eine Absicht haben,
sich unnötig zu machen
auf dem physischen Plane,
indem das ganze Leben
zum Ausdruck des Übersinnlichen
gemacht wird.

Rudolf Steiner
»Was tut der Engel in unserem Astralleib?...«, 9.10.1918

Arbeitsmaterial zur Kultus-Frage

Zur OPFERFEIER
und den Schulhandlungen

DIE KULTUS-TEXTE

RITUALTEXTE FÜR DIE FEIERN
DES FREIEN CHRISTLICHEN RELIGIONSUNTERRICHTES
Rudolf Steiner, 📖 Rudolf Steiner-Verlag, GA 269, ISBN: 3-7274-2690-X

DIE OPFERFEIER - Kommentierte Ausgabe
für die »freie christliche« Handlung
📖 BoD-Verlag, Paperback, 12x19cm, 188 S., ISBN: 978-3-7568-1858-7

DIE OPFERFEIER - Liturgieausgabe
📖 BoD-Verlag, Hardcover, DIN A5, 76 S., ISBN: 978-3-7568-8919-8

DIE OPFERFEIER - Kurzfassung
📖 BoD-Verlag, Paperback, 12x19cm, 84 S., ISBN: 978-3-7568-8779-8

DIE OPFERFEIER - Taschenbuch - Kurzfassung
📖 ePublic-Verlag, Paperback, DIN A6 !, 112 S., ISBN: 978-3-8448-1587-0

Die Opferfeier - als »Basiswissen« (s.S. 136) : Als **PDF** herunterladbar in:
www.ForumKultus.info / Bücher / Basiswissen

Zusammenstellung
ZUR THEMATIK

FREI - CHRISTLICH
Zum freien christlichen Religionsunterricht und dessen Handlungen
in den Freien Waldorfschulen
📖 BoD-Verlag, Paperback, DIN A5, 140 S., ISBN: 978-3-7543-0557-7

Zu den SAKRAMENTEN

Die KULTUS-TEXTE der Sieben Sakramente

DIE SAKRAMENTE
in der freien christlichen Fassung Rudolf Steiners heute ➤

KULTUS-HANDBUCH in verschiedenen Ausführungen :

Kommentierte Ausgaben :

📖 epubli-Verlag, Hardcover, DIN A6, 456 S., ISBN: 978-3-7565-2133-3
📖 BoD-Verlag, Hardcover, 12x19cm, 532 S., ISBN: 978-3-7568-0206-7
📖 Pro-3-Verlag, edles Leinen, DIN A6, 368 S.,
alte Ausgabe, nur noch über den Förderkreis!

Komprimierte Ausgaben
(insbesondere NUR mit den Texten der Sakramente) :

📖 Pro-3-Verlag, Liturgieausgabe, edles Leinen (auch in Goldschnitt),
DIN A5, 208 S., *alte Ausgabe, nur noch über den Förderkreis!*

Gesamtausgabe :

📖 BoD-Verlag, Hardcover, DIN A5, ca. 900 S., *ca. Herbst 2023.*
(Alle Texte der kommentierten Ausgabe UND die Thematik aus dem Info-Buch)

DIE BESTATTUNG - frei + christlich

Die TEXTE der Sterbe-Sakramente und -Handlungen, in der Fassung Rudolf Steiners
und Hinweise für ein Handeln nach dem Tod

📖 BoD-Verlag, Hardcover, DIN A5, 188 S., ISBN: 978-3-7347-5233-9

INFO-TEXTE

SAKRAMENTE HEUTE

Der freie christliche Impuls Rudolf Steiners heute

📖 BoD-Verlag, Paperback, 12x19cm, 248 S., ISBN: 978-3-7460-0932-2

FREI + CHRISTLICH

Der freie christliche Impuls Rudolf Steiners heute

📖 BoD-Verlag, Paperback, DIN A5, 136 S., ISBN: 978-3-7481-8293-1

ANTHROPOSOPHIE UND KIRCHE

Die Stellung der Kirche »Die Christengemeinschaft«
zur anthroposophischen Bewegung

Rudolf Steiner, Vortrag vom 30.12.1922 (GA 219),
mit einem Anhang weiterer Aussagen

📖 BoD-Verlag, Broschüre, 52 S., ISBN: 978-3-8423-5544-6

GEMEINSCHAFT BAUEN
Karl Königs Camphill-Impuls

Karl König, Hrsg. Volker David Lambertz
Voller Wortlaut der Drei Leitsterne / Drei Säulen von Karl König
Ansonsten vergriffene Grundlegung des Impulses Karl Königs

📖 BoD-Verlag, Forum Kultus-Privatdruck, Anfrage: Forum Kultus

BESINNUNGS-TEXTE

EIN BREVIER

für einen anthroposophischen, freien christlichen Schulungs-Weg

📖 BoD-Verlag, Hardcover, 12x19cm, 272 S., ISBN: 978-3-8448-0744-8
📖 epubli-Verlag, Hardcover, DIN A6, 404 S., ISBN: 978-3-7531-7376-4
📖 BoD-Verlag, Hardcover, 12x19cm, 412 S., ISBN: 978-3-7534-2108-7
MIT *allen freien christlichen Sakramentstexten.*

DIE PERIKOPEN
IN INTERLINEARER ÜBERSETZUNG - Gesamtausgabe

Altgriechisch - interlinear-deutsch - grammatikalisch angepasstes Deutsch.

📖 BoD-Verlag, Hardcover, DIN A4, 496 S., ISBN: 978-3-7526-0807-6

DIE PERIKOPEN
IN WORTWÖRTLICHER ÜBERSETZUNG - Lesefassung

📖 BoD-Verlag, Hardcover *(Großschrift)*, DIN A4, 232 S.,
ISBN: 978-3-7526-2882-1
📖 BoD-Verlag, Hardcover, 12x19, 412 S., ISBN: 978-3-7526-7445-3
📖 epubli-Verlag, Hardcover, DIN A6, 440 S., ISBN: 978-3-7541-1298-4

SEELISCHES BEOBACHTEN IM JAHRESLAUF

Ein intensives Miterleben des Wirkens der Elementarwesen
für jede Woche im Jahr.

Dirk Kruse, 📖 BoD-Verlag, Hardcover, 132 S.,
Forum Kultus-Privatdruck, Anfrage: Forum Kultus

STIRB + WERDE – Die Karwoche

Emil Bock, u.a., 📖 BoD-Verlag, Hardcover, 144 S.,
Forum Kultus-Privatdruck, Anfrage: Forum Kultus

Basiswissen + Quellen

Kostenlos als **PDF** 🖥 herunterladbar!:

Die **BASISBÜCHER** :
→ www.forumkultus.info/infos---buecher/basiswissen/

🖥 **Das Kultus-Handbuch** / 🖥 **Das Info-Buch** /
🖥 **Die Perikopen** / 🖥 **Die Opferfeier** /
🖥 **Die Menschenweihehandlung** / 🖥 **Der Liturgische Kalender**

Dazu die **QUELLEN** :
→ www.forumkultus.info/infos---buecher/quellen/

🖥 **GA 219**
Das Verhältnis der Sternenwelt zum Menschen und des Menschen zur Sternenwelt -
Die geistige Kommunion der Menschheit
Zum Verhältnis von Christengemeinschaft und anthroposophischer Bewegung
(mit der Richtigstellung Steiners am 30.12.1922!)

🖥 **GA 245**
Anweisungen für eine esoterische Schulung.
Aus den Inhalten der "Esoterischen Schule"

🖥 **GA 257**
Anthroposophische Gemeinschaftsbildung

🖥 **GA 269**
Ritualtexte für die Feiern des freien christlichen Religionsunterrichtes
und das Spruchgut für Lehrer und Schüler der Waldorfschule

GA 342 - 346
Vorträge und Kurse über christlich-religiöses Wirken
zur Begründung der Kirche 'Die Christengemeinschaft' :

🖥 **Band 1 - GA 342** / 🖥 **Band 2 - GA 343** / 🖥 **Band 3 - GA 344** /
🖥 **Band 4 - GA 345** / 🖥 **Band 5 - GA 346**

BÜCHERLISTE - Bücher im Forum Kultus, DIN A5, 16 S., kostenlos.

* Sämtliche Bücher - ausführlich aufgeführt -
finden Sie in unserer Website:

www.ForumKultus.info/infos---buecher/
Aktuelle Ankündigungen dort unter »Aktuelles«!

Alle Bücher mit ISBN-Nummer erhalten Sie über Ihre Buchhandlung!

Empfehlungen eine Auswahl

DAS NEUE TESTAMENT
Interlinearübersetzung Griechisch-Deutsch
Nestle, Aland / Dietzfelbinger, 📖 Hänssler-Verlag,
ISBN: 3-7751-0998-6

KULTUS ALS SPIRITUELLER WEG
Die Schulhandlungen und ihr geistiger Hintergrund
Elisabeth von Kügelgen, 📖 Edition Waldorf, ISBN: 978-3-9492-6744-4

ZUR RELIGIÖSEN ERZIEHUNG
Wortlaute Rudolf Steiners
als Arbeitsmaterial für Waldorfpädagogen

Rudolf Steiner, 📖 Edition Waldorf, ISBN: 978-3-9406-0694-5

BAUSTEINE FÜR EINEN SOZIALEN SAKRAMENTALISMUS
Dieter Brüll, 📖 Verlag am Goetheanum,
ISBN: 978-3-7235-0777-3

GESPRÄCH ALS KULTUS
Gehard von Beckerath, 📖 Verlag am Goetheanum,
ISBN: 3-7235-1238-0

CHRONIK DES LEBENDIGEN CHRISTUS
Robert A. Powell, 📖 Verlag Urachhaus,
ISBN: 3-8251-7213-9

DIE GROßEN CHRISTLICHEN FESTE IM JAHRESLAUF
Judith von Halle, 📖 Verlag für Anthroposophie,
ISBN: 978-3-0376-9060-4

Weitere Werke im Verlag für Anthroposophie: www.V-f-A.ch

In der Reihe 'Studienmaterial im Forum Kultus' :
Die Kultus-Texte christlicher Kirchen/Gemeinschaften
*(Die gesamte Reihe ist vergrifen und wird nicht neu aufgelegt.
 Noch verfügbar :)*

DIE MENSCHENWEIHEHANDLUNG
der »Christengemeinschaft«
Forum Kultus, 📖 BoD-Verlag, 12x19cm, 56 S.,
ISBN: 978-3-8423-7051-7

Forum Freier Christen

Forum Kultus
Arbeitsmaterial zur Kultus-Frage

Der freie christliche Impuls
Rudolf Steiners
heute

Initiative für ein
freies,
anthroposophisch + sakramental
vertieftes
Christ-Sein heute

www.ForumKultus.info

Jeder Mensch ..werde.. ein Priester!

Jetzt haben wir erneut
eine Chance.
Und ich meine,
lasst uns bloß alle mitwirken,
damit diese Chance
nicht erneut vom Tisch gefegt wird. ...
Wir müssen selbst
den Anfang machen.
Michael wartet ab.
Sobald man aber Mut fasst
und etwas anfängt,
dann hilft er.

Bernard Lievegoed, INFO-3

Zur Opferfeier
Eine Zusammenstellung

DIE OPFERFEIER
in der freien christlichen Fassung
Rudolf Steiners
heute

FORUM KULTUS
Arbeitsmaterial zur Kultus-Frage

Und :

Bitte melden Sie mir - zwecks Korrektur - Fehler aller Art !
(= ehrenamtliche Nachtarbeit ... ;-) .. Danke !

Kontakt

Förderkreis
FORUM KULTUS

Initiative, freie christliche Arbeits-Gemeinschaft

Initiativen für ein freies,
anthroposophisch + sakramental vertieftes
Christ-Sein heute

Büro: Forum Kultus
        Herrensteig 18, D- 78333 Wahlwies
        Volker David Lambertz

        Team 'Roter Faden'
        Volker Lambertz, Mikaela Spiridonowa,
        Georg Burkhardt, Bertrand Martin,
        Johanna Salomon

Anfragen gerne über
das Kontaktformular unserer Website:

www.ForumKultus.info / Kontakt /

oder EMail: Post@ForumKultus.info

Internet: www.ForumKultus.info

Spendenkonto :

IBAN: DE 66 6906 1800 0047 0824 20

BIC: GENO DE61 UBE 4

*(Sie können eine absetzungsfähige Spendenbescheinigung erhalten;
bitte ggf. mit Ihrer vollen Adresse anfordern.)*

Bodensee, Pfingsten 2023

Arbeitsmaterial zur Kultus-Frage

Notizen

Arbeitsmaterial zur Kultus-Frage

Notizen

FORUM
FREIER ✤ CHRISTEN

Non nobis Domine, non nobis,
sed nomini tuo da gloriam.